KB231494

아름다움의 제국

이 세상에서 가장 아름다운 얼굴은 누구의 것일까?
바로 당신 자신의 얼굴이다.

Helena Rubinstein

1870 ~ 1965

1950년경 크리스찬 디오르의 패션으로 성장한 헬레나 루빈스타인의 모습.
유럽의 귀족을 연상시키는 고상한 분위기와 좋은 평판으로
그녀는 언제나 경쟁자 엘리자베스 아덴을 긴장시켰다.

25세 무렵 고향인 폴란드 크라카우에서 그린 헬레나 루빈스타인의 초상화.
이때 그녀는 호주 멜버른에서 뷰티살롱을 운영하며 크게 성공했지만,
빨리 결혼하라는 부모님의 재촉에 힘겨워하고 있었다.

1964년 94세로 파리에서 찍은 위대한 마담의 마지막 공식사진.
화장품 역사의 첫장을 열고, 예술적 감각으로 런던·파리·뉴욕 사교계에서 여왕이 되었으며,
시대를 앞선 열정적 도전으로 첫 아름다움의 제국을 건설한 여왕답게 화려하고 카리스마가 넘친다.

1930년대 할리우드의
팜므 파탈로 크게 화제를 모은
매 웨스트가 인기절정이던 시절,
최고의 뷰티살롱 대표인 헬레나와
만나는 것은 자연스런 일이었다.

헬레나는 최신 고급패션의 의미를
아주 잘 이해하고 있었다.
1920년대, 그녀를 베스트드레서로
만들어준 디자이너 폴 푸아레를
떠나, 새로운 여성상을 대표하는
코코 샤넬을 단골 디자이너로
선택했다.

두번째 남편인 그루지아 출신
구리엘리 왕자와 함께.
그는 헬레나보다 25세나
연하였지만, 유럽 왕족이라는
신분이 헬레나의 사업에
도움되었다.

1960년경, 측근 친지들과 자리를
함께한 헬레나 루빈스타인.

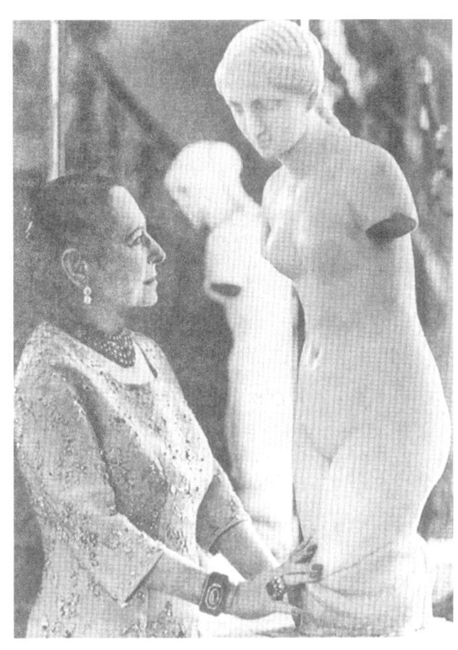

1900년대 말부터 시작된 헬레나의 예술품 수집은 대단한 규모로 발전하였다. 그녀의 런던, 파리, 뉴욕 저택은 모두 예술 작품으로 가득 채워졌다.
컬렉션의 일부가 현재 이스라엘 텔아비브에 위치한 루빈스타인 전시관에 소장되어 있다.

체인점 구축에 심혈을 쏟은 헬레나는 아프리카와 중동을 제외한 전세계 대도시마다 그녀 이름으로 뷰티살롱을 열었다. 사진은 직원들과 한담중인 헬레나.

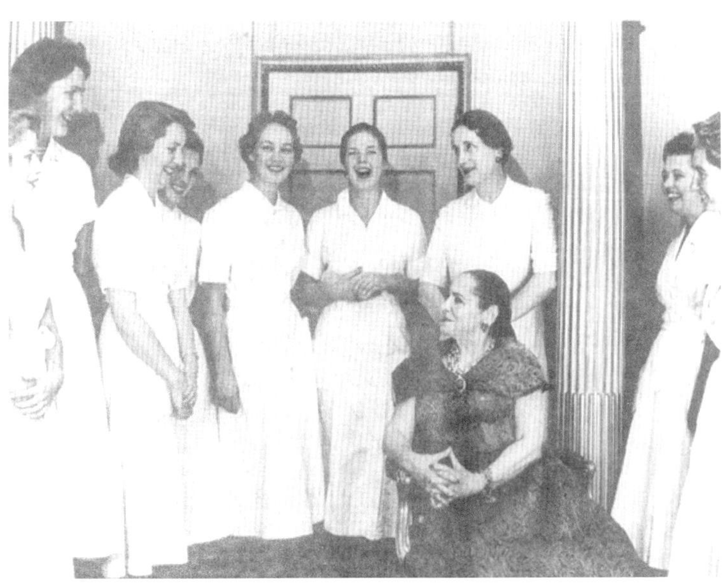

'그 여자' 엘리자베스 아덴에게
자신의 독점적 시장을
빼앗기지 않기 위해, 헬레나는
신제품 개발에 철저하였다.
늘 새로운 것을 추구한 그녀의
집념으로 무수히 많은
'세계 최초'의 화장품이
탄생하였다.

1955년경 칸느의 아틀리에
'라 캘리포니아'에서
피카소와 함께.
헬레나는 오래전부터 피카소에게
자신의 초상화를 의뢰했으나,
그는 끝내 그려주지 않았다.
그가 잠자리를 같이한 여인만
그린다는 말을 듣고,
헬레나는 분통을 터뜨렸다.

파리의 포부르 생 오노레 126번지에
위치한 루빈스타인의 살롱(1920~30).
1920년 여기서 몇집 건너에 경쟁자
아덴이 도전적으로 살롱을 열었다.
두 사람은 업계 1위 자리를 놓고
50년이 넘도록 치열하게
경쟁하였다.

1957년, 화가들이 그린 자신의
초상화를 한자리에 모은
뉴욕 저택의 갤러리 앞에서.

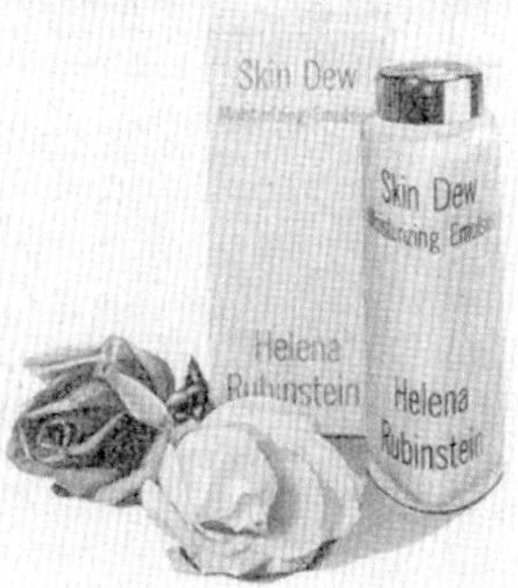

독일 잡지 「디 모데」 1958년 봄호에 실린 헬레나 루빈스타인의 광고.

1915~20년 사이 엘리자베스 아덴은 화장품 제조업 분야에서 세계 최고의 자리에 올라섰다.
40대 초반에 들어섰지만, 여전히 20대인 듯 귀엽고 아름다운 모습이 돋보인다.

What a happy "Chance Meeting" it is that affords me the pleasure of helping two fine causes for the hospitalized veterans of America and Britain. I believe so firmly in the rehabilitation of spirit and body . . . indeed I have built my life on this belief. So, I am deeply grateful for this opportunity to help those who have given so unselfishly that peace and democracy might survive.

엘리자베스 아덴이 직접 이미지 광고 모델로 나서기도 했다.
자신의 살롱 '레드 도어' 앞을 걸어가는 엘리자베스 아덴의 경쾌한 모습.

엘리자베스 아덴의 완벽한 피부와 날씬한 몸매, 나이보다 한참 어려보이는 외모는
언제나 경쟁자 헬레나 루빈스타인을 긴장시켰다.
이 사진은 1920년경 40대 초반 시절 뉴욕에서 찍었다.

미국에서 인지도 2위 기업에 오르는 등 사업에서 엘리자베스가 전성기에 도달했던
1947년 무렵 런던에서 찍은 사진.
뷰티산업과 화장품업계의 여왕다운 품위 있는 모습이 70세라고는 믿기 어렵다.

아덴은 말들을 '우리 아기'라고
부르며, 승마장 소유주로서도
최선을 다해, 경마대회에서
우승하는 말을 여럿 키워냈다.
이로써 그녀는 상류층에 진입,
미국의 유서깊은 명문가와
어깨를 나란히 하게 되었다.

파리의 한 호텔 리셉션에서
엘리자베스(왼쪽에서 두번째)와
동생 글래디스 드 모블랑
(오른쪽에서 두번째).
자작부인인 글래디스는
초창기부터 언니를 적극 도운
창업공신이었다.

1961년 5월,
엘리자베스가 주관하는
유명한 '블루 그래스'
파티에서.
블루 그래스는 빅히트한
그녀의 향수 이름이기도
하다.

1960년대, 뉴욕 저택의
테라스에서.
앞으로 센트럴 파크의
전경이 한눈에 들어온다.

간호사, 경리, 피부 마사지사 등으로 근무하며 꿈을 키우던 22세 무렵.
엘리자베스 아덴은 결혼을 멀리하고, 크림 제조를 실험하는 등 일에 몰두하면서
아름다움에 자신의 삶 전부를 걸고자 결심하였다.

엘리자베스는 두번 결혼했지만, 평생 미스 아덴으로 통했다.
그녀는 회사의 모든 일을 직접 챙기기를 즐기는 철저한 CEO였다.
또한 일주일 후에 해고하는 한이 있더라도 언제나 최고의 재능을 지닌 최고의 인재만을 고집했다.

1950년대 파리 오를리 공항에서 동생 글래디스와 함께.

1880년대 회사를 설립, 크림 시장을 키워가던 해리엇 허바드 아이어. 그녀가 1899년 출판한 「건강과 미용에 대한 완벽하고 믿을 만한 글」은 500쪽이 넘는 책으로, 아덴에게 결정적인 영향을 주었다.

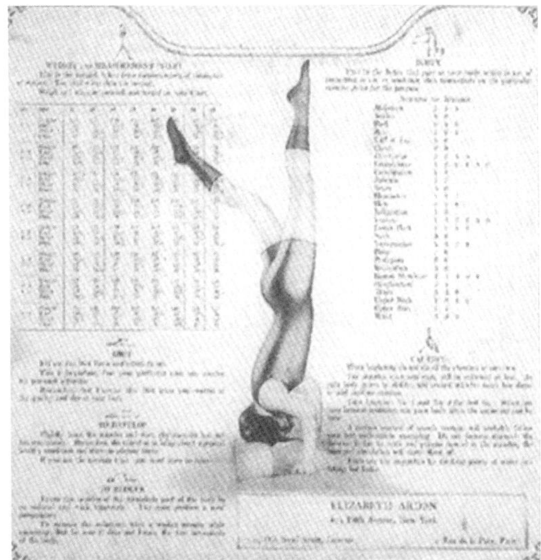

1920년대 엘리자베스 아덴의 전신미용 프로그램 광고 포스터. 동양의 요가를 사업에 연결시킨 발상은 당시로서 획기적인 아이디어였다.

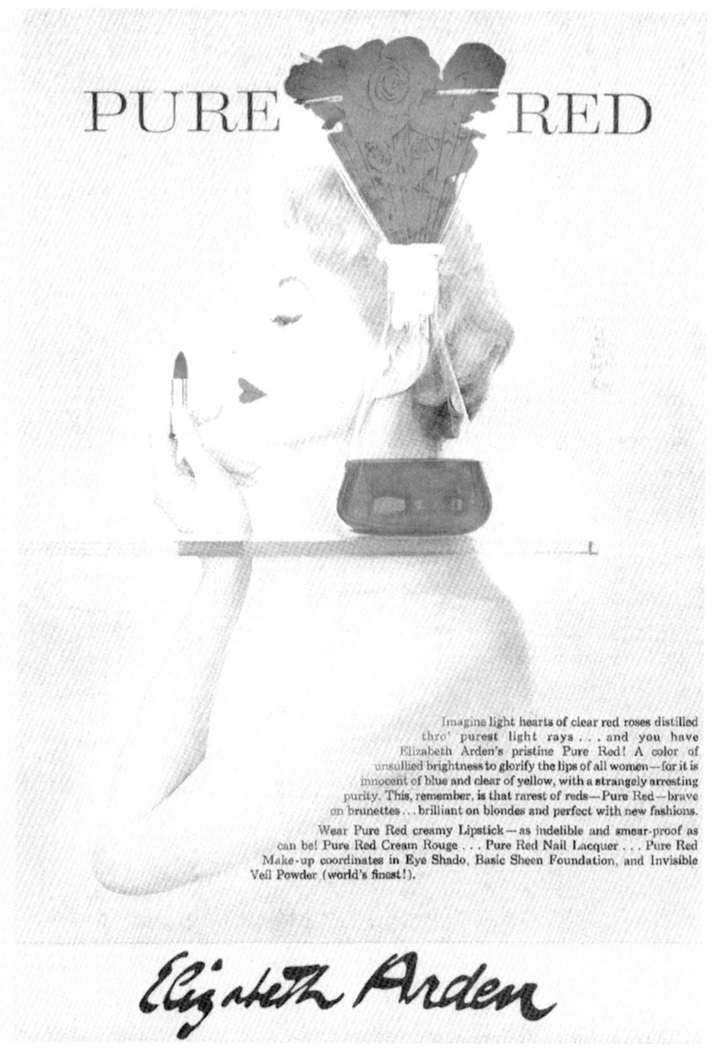

1955년 발도르프 아스토리아 호텔에서 열린 자선바자회 팸플릿에 실린 엘리자베스 아덴 광고.

Estée Lauder

아름다움의 여왕이었던 헬레나 루빈스타인과 엘리자베스 아덴이 차례로 세상을 떠난 후,
명실상부한 화장품업계의 여왕으로 등극한 위대한 마담 에스티 로더.
1970년경 65세 무렵 여성성이 넘치는 아름다운 모습.

"에스티는 자신의 제품에 대한 최고의 광고다. 금발에 우아하고 푸른 눈, 깨끗한 피부,
대단히 성공한 여성이지만 사업과 일상에서 여성성이 넘친다."
1960년대 로더는 이미지 광고에 자신이 직접 모델로 나서기도 했다.

1930년대 뉴욕의 미용실 '하우스 오브 애쉬 블론드'의 모델로 찍은 미시즈 로더.
그녀는 미용실의 손님들에게 외삼촌 쇼츠가 개발한 로션, 크림, 파우더, 글로우 등을 발라주며,
그곳에 특판점을 열게 된다. 미래 아름다움의 여왕의 출발은 참으로 소박하였다.

1935년 머레이 코먼이 찍은 에스티. 한때 연극배우를 지망한 그녀의 꿈이 보이는 듯하다.
미용 특판점을 운영하던 그녀는 미용실 고객들에게 제품의 샘플을 선물하며
판매에 쿠데타를 서서히 일으키기 시작했다.

에스티 로더의 전통적 향수이자 바디오일인 유쓰 듀.
이혼 시절, 로더와 가깝게 지낸 향수업계의 거물 아메링겐이 유쓰 듀를 만들어 선물했는데
그녀는 1953년 이 제품을 출시하여 대성공을 거두었다.

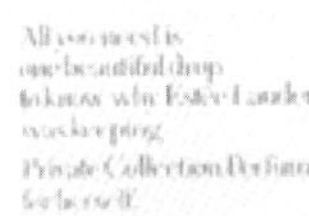

1960년대 초 광고계에는 '로더 스타일의 여자'라는 개념이 생겨났다.
모델 카렌 그레함은 귀족적이고 여성적인 이미지로 15년 동안
에스티 로더의 전속모델로 활동하였다.

에스티 로더가 유년시절을 보낸 뉴욕 외곽 퀸즈의 코로나 거리에서
1918년 10세 무렵 언니 르네와 포즈를 잡았다.
나무와 꽃이 가득하고 한적한 그곳에서 에스티는 즐거운 어린 시절을 보냈다.

1928년 뉴욕 퀸즈 코로나 거리에서
21세의 에스티 로더.
이무렵 외삼촌 존 쇼츠가 개발한 크림을
친구들에게 발라주며, 성공 가능성에
기대를 걸고 있었다.

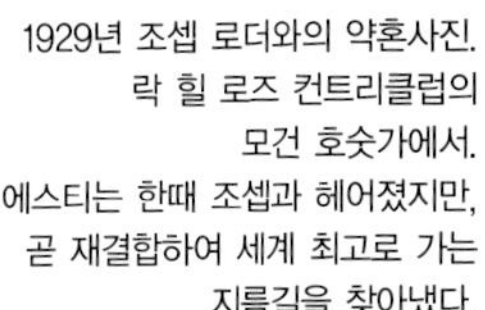

1929년 조셉 로더와의 약혼사진.
락 힐 로즈 컨트리클럽의
모건 호숫가에서.
에스티는 한때 조셉과 헤어졌지만,
곧 재결합하여 세계 최고로 가는
지름길을 찾아냈다.

고급 브랜드 전략으로 방향을 잡은 에스티는 1946년 삭스에 입점을 허락받던 날, 할렐루야를 외쳤다. 사진은 뉴욕 5번가 명품백화점 삭스의 판촉행사에 몰린 고객들과 로더.

레블론의 창업자 찰스 렙슨. 1950년대부터 그가 세상을 떠난 1973년까지 렙슨과 로더는 전쟁을 방불케 하는 뜨거운 경쟁을 벌였으나, 그는 끝내 로더를 이기지 못했다.

남편 조셉이 재정과 관리를 담당하고, 아내 에스티는 마케팅에 전념하여
그들은 가족왕국을 건설하였다.

큰아들 레너드.
에스티 로더의 2대 회장으로 크리니크를 개발하는 등
업계 1위 자리를 계속 유지하는데 공헌했다.

재치가 넘치는 큰며느리 에블린.
에스티 로더의 수석 부사장이면서
유방암에 대한 캠페인을 벌이고 있다.

1968년 레너드 로더와 피부과 의사 노먼 오렌트리치가 공동개발한 크리니크.
알레르기가 적은 고급 화장품을 캐치 프레이즈로 내건 이 시리즈는 엄청난 성공을 거두었다.
2년 후 크리니크를 모방한 제품이 전세계에서 180종이 넘게 생산될 정도였다.

아름다움의 제국

Der Kampf um die Schönheit

Helena Rubinstein, Elizabeth Arden, Estée Lauder

by Doris Burchard

아름다움의 제국

미에 대한 욕망 하나로 세계를 제패한 여성들
헬레나 루빈스타인 ❦ 엘리자베스 아덴 ❦ 에스티 로더

도리스 부르하르트 지음 | 나누리 옮김

| 참솔 |

5장

1940년 ~ 1950년

여성의 사회활동이 보편화되다

6장

1950년 ~ 1960년

모든 여성을 아름답게 !

7장

미니스커트와 화려한 색에 도취되다

아름다움은 참으로 묘한 것이다.
조각조각 나눌 수 없으며
선한 마음, 행복한 마음과
따로 떼어 생각할 수도 없다.
– 헬레나 루빈스타인

벌거벗은 채 브로드웨이를 걷는 여성은
부끄러움을 느낄 것이다.
화장을 하지 않은 여성도
이와 똑같이 느끼도록 나는 만들 것이다.
– 엘리자베스 아덴

이 세상에 아름답지 않은 여성은 없다.
오직 자신을 가꾸지 않거나,
자신이 아름답다고 믿지 않는 여성이 있을 뿐이다.

당신이 목표가 있고 성공하고자 원한다면,
진심으로 그러고 싶다면,
또 한명의 '에스티 로더'가 되어라!
– 에스티 로더

프롤로그

하나의 기업이 마침내 전세계를 석권하는 제국으로 발전하였다. 정열, 능력, 용기, 극기, 실행, 강단, 상상력 등은 목표 달성에 꼭 필요한 덕목들이다. 헬레나 루빈스타인(1870~1965), 엘리자베스 아덴(1878~1966), 에스티 로더(1907~2004)는 이런 덕목을 두루 갖춘 대표적인 여성들로, '아름다움의 제국' 여왕자리에 차례로 등극하였다. 또한 그들은 매력적이고 아름다웠다.

그녀들은 판매실적이 보잘것없고 거의 성공 가능성이 없어 보이는 가내공업을, 50년 안에 수십억 달러의 매출을 기록하는 완전히 새로운 산업으로 성장시켰다. 그리고 그들의 이름은 화장품을 대표하는 상징이 되었다.

화장품과 뷰티 산업은 1998년 독일에서만 약 113억 마르크의 매출을 올렸다. 이것은 국민총생산의 약 0.3퍼센트에 달하는 금액으로, 국민 1인당 이에 지출한 금액이 약 200마르크였다. 이중 모발제품, 향수, 화장품의 매출이 70억 마르크를 차지했다. 이것은 전년 대비 약 3퍼센트 포인트 증가한 수치다. 특히 화장품은 15퍼센트의 증가율을 보여, 평균보다 훨씬 큰 폭으로 상승했다.

20세기 화장품의 역사는 여성의 성공사, 바로 그것이다. 1950년대까지 진정한 남성 경쟁자는 '레블론'의 찰스 렙슨 한 사람밖에 없었다. 게다가 그는 어느 순간도 이 3명의 여성만큼 의미를 갖지 못했다.

루빈스타인, 아덴, 로더의 부상과 함께 사회적인 변화, 여성운동 또한 병행되었다. 따라서 여성의 성공사는 여성운동의 관점에서도 매우 중요하다. 이들이 널리 확산시킨 '아름다움의 민주화'는 타율적인 여성상을 점차 자율적인 여성상으로 변화시켰다. 아름다움, 건강, 피부관리, 날씬함 같은 개념은 누구에게나 강하게 파고들어, 이제 남자들까지도 이에 관심을 기울이게 되었다.

그러기 위하여, 그녀들은 관습을 타파해야 했고, 남녀 역할에 대한 사회적 고정관념을 뛰어넘어야 했으며, 남성지배적인 경제계의 문제점을 극복해야 했다. 또한 극심한 디플레이

션과 인플레이션, 주식시장의 대폭락, 대량 실업, 1·2차세
계대전과 같은 변혁기와 격랑을 거쳐내야 했다. 이렇게 반세
기가 흐르는 동안 화장품은 계층, 성별, 연령을 불문하고 누
구나 가까이 하는 물건이 되었다. 오늘날 화장품은 먹고 마시
는 일과 마찬가지로, 생필품인 듯 당연시되고 있다.

그러나 20세기 초입만 해도 화장은 결코 일반적인 일이 아
니었다. 사회적 신분이 아주 높거나 낮은 여자들만 화장을 했
다. 그후에도 화장품, 뷰티살롱, 몸 가꾸기 등은 한동안 돈 많
은 여자, 직장여성 또는 취직을 원하는 여성들에게나 해당되
었다. 이 역사의 과정에서 헬레나 루빈스타인과 엘리자베스
아덴은 모든 계층의 여성들에게 아름다움의 가능성을 열어주
었다. 이것은 분명 그들의 공로다.

이 세 여성의 놀라운 경제적 성공은 곧 사회적인 성공이 되
었으며, 이들의 출생환경을 고려할 때 결코 만날 수 없었을
거물급 인사들과도 접촉하게 되었다. 또한 세인의 존경을 받
고 각종 명예로운 상을 수상했으며, 그녀들은 이것을 사업에
연결시킬 줄도 알았다.

비록 개인간의 싸움이었지만, 50년이 넘도록 라이벌(루빈
스타인 : 아덴)이 되지 않았다면, 또 우열을 다툴 필요가 없었

다면, 확실히 이러한 급상승은 없었을 것이다. 루빈스타인과 아덴의 자존심을 건 경쟁으로, 두 사람은 항상 서로를 긴장시켰다. 언제나 최고의 성과를 목표로 삼게 했으며, 한쪽의 품질저하가 금세 상대방의 이익으로 나타났고, 한쪽에서 혁신을 이루면 다른 한쪽에서 곧 이를 능가하지 않으면 안 되었다. 또 유럽풍의 고상한 분위기를 지닌 헬레나와 완벽한 피부, 날씬한 몸매, 나이보다 어려보이는 외모를 지닌 엘리자베스의 아름다움은 늘 서로의 촉각을 곤두세우게 했다.

이들에 비해 에스티 로더는 비교적 쉽게 출발한 셈이다. 그녀가 등장했을 때, 화장품 무용론이나 화장품에 대한 부정적인 주장은 이미 사라진 뒤였다. 그녀는 우아하고 매혹적인 여자였고, 자신이 만든 최고의 상품이었으며, 간판이었다. 그녀의 투쟁은 후발주자로서 이미 루빈스타인과 아덴이 도달한 그 높은 수준에 이르기 위한 것이었으며, 동시에 비슷한 세대의 라이벌(에스티 로더 : 레블론)과의 혈투였다. 단순히 좋은 것으로는 충분치 않았고, 오직 최고의 것이어야만 했다.

오늘날 여성들은 거의 모든 분야에서 지도자적인 위치에 진출해 있다. 현대기술은 모든 정보를 눈 깜짝할 사이에 전달한다. 기계와 컴퓨터의 발달로 굳이 크림을 일일이 발라볼 필요도 없다. 심지어 먼데까지 여행을 다니며 아이디어와 정보를 일일이 수집할 필요도 없어졌다. 이제 새로운 제품이 아니라, 상표와 포장, 이미지가 가치를 지니기 때문이다.

그러나 루빈스타인, 아덴, 로더는 모든 것을 직접 개발하고 직접 생산했으며 직접 공급해야 했다. 처음 뷰티 시장을 개척한 사람도 이들이었다. 모든 면에서 대단히 선구적인 업적을 이루어냈지만, 그때마다 난관을 극복해야 했다.

뷰티 산업과 크림, 로션, 향수, 파우더, 색조화장품 등의 개발뿐 아니라, 포장과 마케팅, 홍보에 있어서도 마찬가지였다. 마케팅이라는 말조차 없던 시절이었다. 따라서 그런 전략을 생각해내기란 결코 쉬운 일이 아니었다. 본능에 열정을 더한 루빈스타인, 아덴, 로더의 후각은 늘 자신의 시대를 앞서갔고, 다가올 시대를 미리 예감했던 것이다.

대중시장의 발달로 화장품 산업에도 엄청난 변화가 일어났다. 루빈스타인, 아덴, 로더 같은 가족 기업은 앞으로 사라질 것이다. 그러나 이제 화장품 산업은 시대의 흐름으로 보나 경제적인 면으로 보나, 결코 산업에서 빼놓을 수 없는 큰 비중을 차지하게 되었다.

헬레나 루빈스타인
화장품 역사의 첫장을 열다

엘리자베스 아덴
아름다움에 삶의 전부를 걸다

변화의 물결

아름다움을 향하여 세찬 파도가 밀려오다

헬레나 루빈스타인
– 화장품 역사의 첫장을 열다

헬레나 루빈스타인은 1870년 크리스마스 날 폴란드 크라카우에서 태어났다. 헬레나의 어머니 아우구스타 루빈스타인과 아버지 호라스 루빈스타인은 그해 크리스마스 선물에 기쁨을 감추지 못했다. 헬레나는 그들의 첫아이였다.

그 당시 크라카우는 유서 깊고 진보적인 대학도시였으며, 시골의 소도시가 아니라 '동유럽의 파리'로 불리우는 문화 중심지였다. 사교계는 화려했으며 여자들은 그야말로 멋쟁이였다.

그해 향수업계에서는 우비강이 창업 100주년을 맞이했고, 게를랭도 50주년을 맞이했다.

헬레나에게는 여동생이 7명이나 있었다. 그녀들은 유복한 유대인 가문에서 태어나 대학교 근처의 오래된 대저택에서 자랐다. 물론 헬레나는 그 당시에 우비강이나 게를랭을 알지

못했다. 또한 헬레나가 태어나고 13년이 지난 1883년에 암
스테르담에서 열린 세계박람회에서 처음으로 립스틱이 선을
보였다는 사실도 당연히 몰랐다.

그 립스틱은 '에로스의 요술봉' 이라는 시적인 이름으로 불
리었지만, 너무 흐물거려서 얇은 종이로 겨우 싼 순대 모양으
로 만들어놓은 것으로, 배우 사라 베른하르트가 광고하는
100마르크짜리 사치품이었다. 헬레나는 이 모든 사건이 훗
날 자신의 삶에서 큰 비중을 차지하게 되리라고는 꿈에도 상
상하지 못했다.

헬레나는 어머니가 화장하는 모습을 지켜보거나 동생들인
파울리나, 로사, 레기나, 스텔라, 체스카, 망카, 에르나의 머
리를 빗겨주는 일을 좋아했다. 어머니 아우구스타는 매일 크
림을 발라 피부를 관리했고, 저녁에는 딸들에게도 발라주었
다. 헬레나는 어머니의 크림에 매우 관심이 많았다.

"이것이 훗날 내가 확립한 피부미용의 기초였다. 처음으로
발라본 크림이 내 인생의 초석이 된 것이다. 어머니는 크림에
애착이 많으셨고, 결국 그 애착으로 다른 사람은 절대로 생각
하지 못할 큰일을 해내셨다."

아우구스타는 헝가리 화학자 리쿠스키 박사(아우구스타 루빈

스타인의 친척 - 옮긴이)에게 크림을 개발하도록 권유했다. 리쿠스키 박사는 약초와 편도기름 그리고 상록수의 목피 추출물을 혼합하여 크림을 개발했고, 이를 배우 헬레나 모데스카(어머니 아우구스타의 친구)가 적극 추천하여 생산에 들어갔다. 오랫동안 헬레나 루빈스타인의 개인비서로 일한 패트릭 오히긴스는 크림에 대해 상세히 알고 있었다.

"그 크림의 조제법을 보니, 성분이라고는 흔해빠진 약초 몇가지에 광물성 기름 그리고 밀랍과 깨가 전부였다."

어머니 아우구스타가 모데스카를 어떻게 알게 되었는지는 알려지지 않았지만, 당시 모데스카는 폴란드의 국민배우였으며 그녀의 명성은 당대에 그치지 않았다. 그녀는 1876년 남편과 함께 미국 사우스캘리포니아로 이주했다. 그녀의 영어 발음에는 폴란드 어 억양이 배어 있었음에도 불구하고, 1880년대와 90년대에 셰익스피어 극 배우로서 미국 전역에 화려한 명성을 떨쳤다.

모데스카는 고국에 자주 돌아와서 공연도 하고 친구도 만났으니, 이 비범한 여인을 어린 헬레나가 본받고 싶어했다는 사실은 누구나 쉽게 짐작할 수 있는 일이다. 모데스카가 들려주는 먼 나라 이야기는 헬레나의 마음을 충분히 사로잡고도 남았던 것이다.

그녀는 자서전 『아름다움에 바친 나의 인생My Life for Beauty』에서 아버지 호라스를 '사업적인 재능은 털끝만큼도 없는 사람'이라고 말했으며, 그녀의 어머니 아우구스타는 남편을 엄격하면서도 호탕한 사람이라고 평한 바 있다. 호라스는 유복한 집안 출신이었으나, 지나친 수집취미로 가산을 탕진한 후 식료품 도매업으로 가족을 부양해야 했는데, 헬레나는 일찍부터 아버지의 식민지 무역을 도와왔다.

헬레나는 아버지를 진보적인 사람이라고 평했다. 아버지는 어린 나이에 세상을 떠난 아들 대신 헬레나를 의대에 보내고자 했던 것이다. 그 당시 의학은 남자들만의 영역이었다. 헬레나는 진지하게 노력했지만, 비위가 약한 탓에 피를 보는 일이 너무 끔찍했고 끝내 의학공부를 포기했다. 그러자 아버지는 헬레나를 결혼시키고자 했다. 아버지가 선택한 남자는 나이가 헬레나보다 거의 두 배쯤 많은 사람이었다. 헬레나는 용기 있게 그 남자를 거부했다.

"그는 좋은 사람이었지만, 그때 나는 겨우 16세였고, 낭만적인 결혼을 꿈꾸고 있었다. 그러니 그와 결혼할 마음이 없었던 것은 당연했다."

헬레나는 아버지에 대한 반항심으로 한 의학도와 교제했지만 부모님은 이 청년을 별로 탐탁치 않아 했다. 이런저런 이유로 집안에 불화가 그치지 않자, 어머니는 오스트레일리아 콜레인에서 농장을 경영하고 있는 헬레나의 외삼촌에게 당분간 헬레나를 맡아달라고 편지를 썼다. 루이스 삼촌으로부터 와도 좋다는 답장이 오자, 헬레나는 이제 더 이상 결혼하라는 소리를 듣지 않게 되었다고 기뻐하면서 당장 짐을 쌌다. 미용 크림 12통도 가방 안에 함께 넣었다. 그녀는 환호하며 여행길에 올랐다.

배로 51일이 걸리는 여행이었다. 북독일 로이드 사에서 운영하는 오스트레일리아 행 정기선이 브레머하펜에서 출항했다. 헬레나의 부모는 딸을 브레머하펜까지 바래다주었다. 크라카우에서 브레머하펜까지는 하루가 꼬박 걸렸다.

제법 편리한 시설을 갖춘 그 증기선에는 선실이 세 등급으로 나뉘어져 있었다. 1등실은 2등실보다 넓었고 소파세트도 있었다. 1등실과 2등실은 증기로 난방이 되었고, 2인용 침대와 개인 화장실 그리고 개인 세면기가 있었는데, 그때는 아직 수세식 화장실이 없던 시절이었다. 좌석은 1등실과 2등실을 합쳐 약 200석이었다.

갑판 바로 아래칸에는 총 인원 500명이 승선할 수 있는 6인용 선실이 있었다. 헬레나의 자리는 바로 그곳이었다. 6인실 요금은 약 300마르크였는데, 도배를 하지 않아 철판이 드러나 보였으며, 화장실과 세면실도 공용이었다. 각 등급별로 식당이 있었는데 그곳에서 파는 음식도 서로 달랐다. 또한 등급별로 춤을 출 수 있는 공간도 따로 마련되어 있었다.

훗날 오히긴스는 헬레나에게 뱃삯을 어떻게 마련했는지 물어보았다. 그녀는 말했다. "어머니께서 자그마한 장신구를 파셨어."

그 배에는 영국 남자 1명과 이탈리아 남자 2명이 함께 타고 있었다. 젊고 멋진 세 남자 덕분에 헬레나는 이내 실연의 아픔을 잊을 수 있었다. 수줍음이 많고 엄격한 청교도적 가풍 속에서 자란 헬레나는 자신에게 쏟아지는 남자들의 관심을 내심 즐겼지만, 함께 춤을 추는 정도로 그쳤다. 훗날 그녀는 "그때는 키스만 해도 큰일나는 줄 알았다"고 고백했다.

멜버른에 도착했을 때 헬레나는 흰옷에 부츠를 신고 손에 양산을 든, 있는 대로 멋을 낸 차림이었다. 그러나 곧 이런 차림이 그 나라에서는 전혀 어울리지 않는다는 사실을 깨달았다. 외삼촌은 지붕 없는 마차에 헬레나를 태웠다. 외삼촌댁까지 가는 길은 영원히 끝나지 않을 듯 멀었고, 헬레나는 내내 흙먼지를 뒤집어쓰며 내리쬐는 햇볕을 받아야 했다.

콜레인에 도착했을 때는 흰옷이 우중충한 회색으로 변해 있었다. 다행히 팔다리는 옷으로 가렸고 얼굴은 양산으로 가려서 햇볕으로 화상을 입지는 않았다.

당시 이주자들을 위한 책자에는 "오스트레일리아에 가실 때 좋은 옷은 필요 없습니다. 간편하고 질긴 옷만 가져가십시오. 이 나라에서는 오래된 치마도 새 치마만큼 멋져 보입니다"라는 문구가 씌어 있었지만, 헬레나는 그런 책자를 미리 읽어보지 않았던 모양이다. 따라서 헬레나가 그곳에 도착했을 때, 그 작은 마을에 곧바로 소문이 퍼지고 웃음거리가 된 것은 당연한 일이었다.

헬레나가 도착한 외삼촌댁은 양을 키우는 목장으로 더없이 황량하고 어마어마하게 넓었다. 그녀가 이 새롭고 낯선 환경에 적응하고 영어를 어느 정도 익히는 데는 여러 달이 걸렸다. 사촌인 에바가 그녀의 영어공부를 도와주었는데, 영어든 불어든 그녀가 배우는 말마다 강한 폴란드 어 억양이 배어나왔다. 에바는 헬레나와 나이가 같았는데, 어머니가 에바를 낳고 바로 세상을 떠났기 때문에, 그녀는 어린 시절 고모 루빈스타인의 집에서 자랐었다.

콜레인은 빅토리아 주에 있는 인구 2,000명의 작은 마을이었다. 헬레나는 곧 그 마을 여인들의 피부가 엉망이라는 사실을 알게 되었다. 어머니가 주신 크림 덕분에 헬레나의 뺨은 여전히 부드럽고 매끄러웠던 반면, 다른 여자들의 피부는 기온차가 극심하고 건조한 그곳의 기후 영향을 뚜렷이 나타내고 있었다. 어떤 사람은 헬레나에게 비결이 무어냐고 묻기도 했다. 그때마다 헬레나는 선뜻 자신의 크림을 나누어주었다. 그러다보니 결국 얼마 안 가 헬레나는 크라카우에 있는 가족에게 크림을 더 보내달라고 요청해야 했다. 그래도 크림은 언제나 모자랐다.

이때쯤 헬레나는 루이스 삼촌댁에서 사는 것이 서서히 불편해졌다. 그녀는 도시에서 자란 온실의 화초였으므로 힘든 농장일에 전혀 도움이 되지 못했으며, 또한 삼촌 밑이라 자유롭지도 못했다. 그렇다고 해서 달리 갈 곳도 없었다. 결국 헬레나는 콜레인에서 약 100킬로미터 떨어진 멜버른에서 자신의 행복을 찾기로 결심했다. 어머니가 주신 기적의 크림이 도움이 될 거라는 막연한 기대를 품은 채.

헬레나는 짐마차보다 좀더 편한 우편마차를 타고 멜버른으로 향했다. 멜버른에는 헬레나가 아는 영국 여인이 2명 있었다. 그녀들은 오스트레일리아로 오는 배에서 알게 되었는데, 그후로도 계속 연락을 주고받았다. 한 여인은 총독 부관의 부인으로 헬레나에게 거처를 제공해준 것은 물론, 총독 레밍턴 경이 참가하는 무도회와 리셉션 등에 그녀를 데리고 나갔다. 그 호의에 조금이나마 보답하고자, 헬레나는 그녀의 두 아이에게 독일어를 가르쳤다.

그러나 크림을 이용해 자립하고자 하는 생각은 헬레나의 머리에서 한시도 떠나지 않았다. 그 당시 오스트레일리아 여성들에게 피부관리라는 것은 매우 생소한 일이었다. 헬레나는 이 여성들에게 자신의 크림을 선사하고 싶었다. 그것의 사용법을 가르쳐주고 피부를 보호하기 위해 할 수 있는 일들을 알려주고 싶었다. 그러기 위해서는 사업장이 필요했지만 헬레나에게는 자본금이 없었다.

마침 헬레나가 배에서 만난 또다른 영국 여인인 헬렌 맥도날드는, 헬레나의 사업구상을 듣고 성공을 확신했다. 그녀는 헬레나에게 착수금으로 250파운드를 빌려주었다. 헬레나는 그날 이후 두번 다시 빚을 지지 않았다.

헬레나의 사업은 몇달 지나지 않아 대출금을 이자까지 붙여 상환할 만큼 번창했다. 그녀의 살롱은 2층에 있었는데, 벽은 손수 희게 칠하고 폴란드에서 가지고 온 흰색 천으로 커튼을 만들어 달았다. 또한 바람이 잘 통하는 대나무 가구에 의자는 알록달록하게 프린트된 면 방석을 깔아 분위기를 아늑하게 했다. 때맞춰 리쿠스키 박사에게 주문한 크림이 도착하자, 살롱에는 손님이 몰려들기 시작했다.

그러던 어느 날 시드니의 한 기자가 헬레나의 살롱을 찾아왔다. 흠잡을 데 없는 그녀의 뺨을 직접 보고 확인한 그는 헬레나 루빈스타인에 대해 대대적으로 보도했다. 그러자 전국에서 주문이 밀려들기 시작했다. 따라서 폴란드에서 수입하는 물량만으로는 수요를 충족시키기 어려웠다. 게다가 헬레나는 고객을 접하면서, 피부에는 여러 가지 유형이 있으므로 한가지 크림만으로는 부족하다는 사실을 깨달았다.

헬레나는 리쿠스키 박사에게 오스트레일리아로 와서 크림 제조법을 가르쳐주고, 자기와 함께 수렴 화장수, 클린징크림, 약용비누 등을 만들어보지 않겠느냐고 제안했다. 이에 박사는 흔쾌히 수락했으며, 그리하여 탄생한 '발라제 크림'은 없어서 못 팔 정도로 대성공을 거두었다.

헬레나는 자신에게 관심을 보이는 남자들에게 화장품에 상표를 붙이고, 포장하고, 업무용 서신을 쓰고, 우편으로 부치는 일 등을 시켰다. 그녀의 사생활은 이런 일들이 전부였던 것이다. 그 남자들은 헬레나와 '데이트'를 한번 한 다음에는 두번 다시 그녀 앞에 나타나지 않았다.

헬레나는 미용실에 갈 시간조차 없었다. 그녀의 트레이드 마크가 된 '루빈스타인 헤어스타일'이 탄생한 것은 바로 이 즈음이었다. 숱이 많은 검은 머리를 하나로 모아 위로 틀어올린 모양으로, 젊은 여성에게 썩 어울리는 스타일은 아니지만 매우 편한 스타일이었다. 머리를 위로 틀어올리자 헬레나의 큰 코가 더욱 커보였고, 유대인의 얼굴 윤곽이 뚜렷이 드러났다. 그녀는 전형적인 미인은 아니었지만 개성이 뚜렷한 얼굴이었다.

오직 사업이 전부였던 헬레나는 사업을 시작한 지 2년 만에 2,000파운드라는 어마어마한 금액을 저축하게 되었다. 사업장도 더 큰 곳으로 옮겼다. 7칸짜리 집에 이번에는 1층에 위치하고 있다. 헬레나는 당시 18세이던 동생 체스카를 오스트레일리아로 불러들였다. 훗날 영국에 개설한 헬레나의 살롱은 모두 체스카가 경영하게 되었다. 체스카는 베를린 대학의 캅 박사에게서 화학을 공부했으므로 이 사업의 적임자였다. 처음에 이 젊은 아가씨는 크라카우의 푸른 풍경과 가족에 대한 그리움 때문에 몹시 힘들어했다. 그렇지만 향수병은 오래지 않아 에드워드 쿠퍼라는 젊은 영국인과 교제하면서 씻은 듯이 나았고, 두 사람은 곧바로 결혼했다.

헬레나는 체스카 외에도 보조원을 몇명 더 채용했는데, 이들은 훗날 오스트레일리아의 지점들을 각자 맡아 운영하게 된다. 갓 스물의 나이에 헬레나 루빈스타인의 이름은 오스트레일리아 대륙 전체에서 화제가 되었다. 여기에는 영국 유랑 극단의 배우 넬리 스튜어드와 오페라 가수 넬리 멜바의 선전이 한몫 했다. 헬레나는 이 두 사람의 피부를 크림으로 관리해 비단결로 만들어주었고, 이들은 감사의 뜻에서 더욱 많은 선전을 해주었다.

체스카와 다른 보조원들은 헬레나의 사업을 대단히 잘 이끌었으므로, 이제 헬레나가 직접 관여하지 않아도 될 정도였다. 그러자 헬레나의 마음은 동요하기 시작했다. 그녀는 더 큰 야망이 있었던 것이다. 친구들은 젊을 때 놀기도 하라고 충고했지만, 헬레나의 꿈은 세계의 모든 주요도시에 자신의 이름을 떨치는 것이었다.

"나는 일하고 연구할 때가 가장 행복하다. 내 친구들이 그것을 몰라서 하는 소리였다"고 헬레나는 말했다. 그녀는 꿈을 이루려면 아직도 배울 것이 많다는 사실을 잘 알고 있었다. 그녀는 다른 사람에게 일을 지시하는 것만으로 만족할 수 없었으며, 모든 일을 자신이 직접 해내고 싶었다. 그래서 인체의 구조와 최신 의학 지식, 그리고 피부관리에 대하여 철저하게 공부했다. 빈, 베를린, 파리, 런던 같은 선진문물의 중심지를 방문하여 저명한 교수와 학자 등 전문가들에게서 이야기를 들었다.

헬레나는 먼저 크라카우로 가서 부모님 댁에 잠시 머물렀다. 그러나 다시 찾은 크라카우는 너무나 낯설고 작았다. 그녀는 이 사실이 새삼 놀라웠다. 부모님은 성공한 딸이 몹시 자랑스러웠지만, 아직 배필을 찾지 못한 것에 대한 걱정을 더 많이 표현했다. 6년 전 헬레나가 집을 떠날 때의 사정과 별로 달라진 게 없었던 것이다. 그런 이유로 헬레나는 그다지 힘들지 않게 다시 부모님 곁을 떠날 수 있었다.

그녀는 파리에서 피부과 전문의 베르틀로 박사의 지도 아래 공부를 시작했다. 낮에는 베르틀로의 실험실에서 일하며 피부의 구조와 외모를 관장하는 요인에 대해 자세히 배우고, 밤에는 전문서적을 읽느라 거의 뜬눈으로 밤을 지새웠다. 헬레나는 그 당시 아직 초보단계였던 성형수술에 대해, 신진대사에 대해 그리고 다이어트와 그것이 건강에 미치는 영향에 대해 읽고 또 읽었다.

여러 달에 걸쳐 유럽의 유명 전문병원을 돌며 실습도 했다. 빈에서 만난 에마 리스트 박사와는 훗날 영국에서 다시 만나 절친한 사이가 되었으며, 사업도 함께 하게 되었다. 헬레나는 "그때가 내 인생에서 가장 의욕에 불타는 시기였던 것 같다"고 회상했는데, 그해 유럽에서 자신의 인생 목표를 확실히 찾아내었으니, 그것은 바로 아름다움이었다.

멜버른으로 다시 돌아가서도 그녀의 머릿속에는 온통 일뿐이었다. 그녀는 사업에 몰두했고 미래를 위한 계획을 세우느라 몹시 바쁜 나날을 보냈다. 그런데 예기치 않게 헬레나의 인생에 한 남자가 나타났다. 그녀는 첫눈에 그에게 반했고, 이내 그와 보내는 시간이 '부엌'(헬레나는 자신의 실험실을 이렇게 부르곤 했다)에서 보내는 시간보다 더 많아졌다.

그는 에드워드 윌리엄 티투스라고 하는 폴란드 혈통의 미국인 기자였는데, 헬레나의 동생들 중 1명과도 잘 아는 사이였다. 그는 취재차 오스트레일리아에 왔다가, 어느 날 갑자기 헬레나의 살롱을 방문했다. 에드워드는 견문이 넓고 지식이

해박한 사람이었다. 그는 헬레나에게 연극과 음악의 세계를 가르쳐주었는데, 그것은 헬레나가 알지 못했던 새로운 세계였다.

그는 "헬레나, 내가 보기에 당신은 세계적인 제국을 건설할 사람이오. 나와 결혼해주면 우리는 함께 그 제국을 건설할 수 있소." 하면서 멋지게 프로포즈했다. 하지만 이 멋진 프로포즈는 때를 잘못 만났다. 헬레나 역시 그를 매우 사랑하고 이 남자가 자신의 운명이라는 사실을 예감했지만, 아직 결혼할 마음의 준비가 되어 있지 않았으며, 심지어 결혼이 두렵기까지 했다.

1907년 헬레나는 세계제국 건설의 꿈을 실현하기 위해 런던으로 가면서, 에드워드에게 당신을 원하기는 하지만 생각할 시간을 달라고 말했다. 그 말을 들은 에드워드는 런던으로 곧 뒤따라가겠노라고 약속했다.

런던은 삭막했다. 아는 사람도 없고 문은 굳게 닫혀 있었다. 헬레나는 에드워드가 몹시 그리웠다. 그러나 시간이 흐를수록 헬레나는 이 흥미진진한 국제도시 런던에 푹 빠져버렸다. 그녀는 살롱을 열 적당한 장소를 물색하기 시작했다. 사교계의 이름난 여인들과 접촉하려면 고급주택가인 메이페어에서 찾아보아야 했는데 쉽지 않았다.

집을 구하는 일에 몇주를 보내고 거의 포기하려는 순간, 정치가 솔즈베리 경이 자신의 집을 세놓는다는 소식이 들렸다. 1년에 8,000파운드나 하는 집세는 좀 무리였지만, 영국 외무상과 수상을 역임한 인물이 살던 그 집이야말로 헬레나가 마음속에서 그려오던 곳이었다. 결정하는데 시간이 오래 걸리지 않았다. 계약을 끝내고 헬레나는 곧바로 26칸짜리 4층 건물을 수리하기 시작했다.

집수리를 하는 동안 헬레나는 함께 일할 사람도 찾아보고 학계의 최신 연구동향도 알아볼 겸 파리와 빈으로 여행을 떠났다. 그녀는 에마 리스트 박사를 설득하여 런던으로 이사하게 만들었을 뿐 아니라, 함께 신제품을 구상하기도 했다. 그녀의 열정은 꺼질 줄 몰랐다.

런던으로 돌아온 어느 날, 헬레나에게 운명의 한 가닥이 완성되었다. 그녀의 새 살롱 문앞에 바로 에드워드가 서 있는 것이었다. 놀라움과 기쁨이 채 가라앉기도 전에 에드워드는 다시 한번 헬레나를 놀라게 했다.

"이 흰색 커튼도 멋지긴 하지만, 런던에서 성공하려면 좀 더 좋은 걸 써야 할 겁니다."

이런 식의 평범하지 않은 직선적인 말버릇은 그만의 개성이었다.

'러시아 발레단'의 공연을 보았을 때, 헬레나는 에드워드가 말한 '좀더 좋은 것'이 어떤 것인지 깨달았다. 세르게이 디아길레프가 연출하고, 천재적인 발레리노 니진스키가 출연한 그 공연은 대단한 호평을 받았다. 자주색과 주황색, 오렌지색과 노랑색, 검정색과 황금색의 과감한 대비가 주를 이루는 레옹 박스트와 알렉상드르 베누아의 무대 장치와 의상에 헬레나는 온통 마음을 빼앗겼다.

헬레나는 그날 저녁 흰색 커튼을 떼어냈다. 그때부터 빛나는 색채는 그녀의 살롱을 대표하는 상징이 되었다. 살롱을 1907년에 개업했다고 기록되어 있지만, 디아길레프의 발레단이 영국에 도착한 것은 1909년 여름이었다.

에드워드는 줄곧 헬레나 곁을 떠나지 않았다. 헬레나는 에드워드와 함께 있으면서 긴장을 풀었고 때때로 일을 잊기도 했다. 에드워드는 멋있는 카페 로얄에서 두번째로 청혼했으며, 헬레나는 '갑자기 압도할 듯 강한 결단력이 생겨' 그의 청혼을 받아들였다. 에드워드의 성격은 수줍음 많고 내성적인 헬레나와는 정반대였다. 외향적이고 진취적이었으며, 시대를 앞서가는 사고를 갖고 있었다. 또한 호기심이 강하고 충동적이었으며, 우아하면서도 은근한 매력을 풍겼다.

결혼식은 몇몇 친지들이 지켜보는 가운데 호적사무소에서 거행되었다. 결혼식이 끝난 후 그들은 사보이 그릴에서 식사를 하고, 니스로 신혼여행을 떠났다. 그곳에서 두 사람은 부부싸움을 하게 되는데, 이는 순전히 헬레나 때문이었다.

갓 결혼한 신랑이 젊고 예쁜 아가씨와 이야기하느라 정신이 빠져 있는 모습을 보자, 헬레나는 질투심에 불타 충동적으로 가까운 보석가게에서 고급 진주목걸이를 구입한 다음, 곧바로 마차를 타고 역으로 가 파리로 돌아가버린 것이었다. 변명할 시간조차 없었던 에드워드는 그녀를 뒤쫓아왔으며, 헬레나는 금세 자신의 바보 같은 행동을 후회했다. 그후로도 헬레나는 에드워드와 다툰 다음에는 언제나 진주를 사는 것으로 스트레스를 해소했는데, 이렇게 사들인 진주가 나중에는 제법 볼 만한 컬렉션이 되었다.

신혼부부는 살롱 개업에 맞춰 런던으로 돌아왔다. 살림집은 3층에 꾸미고 맨 위층을 '부엌'으로 썼다. 문 옆에는 '헬레나 루빈스타인'이라고 쓰고, 그 아래 조그맣게 '살롱 드 보테 발라제'라고 쓴 간판을 달았다. 이 로고는 그후 몇년 동안 더 사용되었다.

그러나 손님이 찾아오기까지는 시일이 좀 걸렸다. 당시만 해도 기자회견 같은 것은 일반화되기 전이었고, 에드워드가 신문에 광고를 내자고 권했지만 헬레나는 거부했다.

오스트레일리아에서와 마찬가지로 처음에 그녀의 살롱을 찾아온 손님들은 호기심에서 한번 와본 사람들이었다. 솔즈베리 경의 집이 어떻게 바뀌었는지 보고 싶어서 온 사람도 있었고, 피부미용 상담을 하러 온 사람도 있었다. 게다가 그들은 남의 눈에 띄는 것을 싫어해, 길모퉁이에서 마차를 내려 지나가는 사람이 아무도 없을 때까지 숨어서 기다렸다가, 서둘러 입구로 달려오곤 했다.

헬레나의 전문 분야는 피부분석과 기초화장이었지만, '부엌'에서는 색조화장을 실험하고 있었다. 1908년경에는 배우들만 눈가와 얼굴에 색을 칠함으로써 더 예뻐 보이는 비법을 알고 있었다.

헬레나는 배우들을 열심히 관찰하면서 처음으로 자신의 예술적 감각을 확인했다. 그러나 배우들도 무대 밖에서는 백분(白粉)만 칠하고 다녔다. 백분은 중국에서 개발된 것이었는데, 헬레나는 백분을 발라 석회처럼 하얘진 여자들의 얼굴이 마음에 들지 않았다. 그녀는 백분을 더 곱게 정제하고자 했다. 또한 백분에 색을 넣고 특유의 향도 넣고 싶었으나, 고정된 사회규범을 깨기까지, 그리고 새로운 혼합물을 만들어내기까지는 시간이 더 필요했다.

헬레나는 12회의 피부관리에 10파운드를 받았다. 그러나 1년치 정기권을 미리 구매하면 저렴한 가격으로 1주일에 한 번씩 관리를 받을 수 있도록 했다. 개업한 지 1년이 채 되지 않아 정기권 구입자는 1,000명을 기록했다.

어느 대사 부인의 덕분에 더 많은 손님이 몰려왔다. 그 부인은 심한 여드름으로 고생하고 있었는데, 헬레나는 리스트 박사가 새로 개발한 박피요법을 6개월 동안 그 부인에게 시행했다. 그녀가 자신의 친구들을 전부 헬레나에게 보낼 정도로 치료는 성공적이었다. 그 부인이 남편을 따라 인도로 가게 되자, 여드름 때문에 피부가 엉망이 된 공주 몇명이 헬레나의 단골고객이 되었다. 여드름이 치료되자, 공주들은 그녀에게 보석을 선물하며 감사의 뜻을 표했다.

헬레나의 표현을 따르자면, 런던은 그녀의 마음을 만족감으로 채워주기 시작했다. 수많은 사보 1면에 그녀에 대한 기사가 실렸고, 에드워드는 거기에 광고문구를 교묘하게 끼워 넣었다.

헬레나는 피부색 파우더뿐만 아니라 립스틱도 유행시키고자 했다. 당시의 수상인 허버트 애스퀴스 경의 부인 마고 애스퀴스는, 우아하고 격식에 얽매이지 않는 여인이었다. 헬레나는 레이디 애스퀴스에게 처음으로 립스틱을 선보였다. 립스틱을 바르자 그녀의 입술은 뚜렷한 윤곽이 더욱 강조되었다. 레이디 애스퀴스는 찬사를 아끼지 않았고, 그로 인해 더 많은 고객이 헬레나의 살롱으로 몰려들었다.

레이디 애스퀴스는 감사의 뜻으로 헬레나를 자신의 집으로 초대했다. 그곳에서 헬레나는 예술가, 정치가, 귀족 등 많은 저명인사를 만났다. 그 가운데 남작부인 캐서린 덜랭어와는 매우 가까운 사이가 되었다. 캐서린은 피카디리에 있는 바이런의 옛집에 살았는데 자신의 집을 상당 부분 개방했다. 그녀는 "어떤 사람이냐가 중요하지 누구냐는 중요하지 않다"라고 할 만큼, 당시로서는 대단히 진보적인 가치관을 지닌 사람이었다. 또한 교양 있고 개성이 뚜렷했으며, 활동반경이 국제적이어서 베니스에도 집을 두고 있었다.

1900년대 말 헬레나는 덜랭어 남작부인을 통해 스트라빈스키, 올더스 헉슬리, 콜 포터, 캐리 그랜트, 그리고 그레타 가르보를 알게 되었다. 폴란드 대사 환영 리셉션에서는 자신과 성(姓)이 같은 유명 피아니스트 아르투르 루빈스타인도 만났다. 아르투르와 헬레나는 폴란드 출신이고 유대인 혈통이었으며, 형제가 많은 집안에서 자랐다는 공통점이 있었다. 그러나 같은 조상의 후손이 아니라는 사실에 헬레나는 몹시 실망했다. 헬레나의 집에서 연주회를 열었고, 그때부터 두 사람은 자주 만났다.

헬레나는 "초대를 많이 하다보니 손님접대는 점차 내 취미가 되었다"라고 말했다. 테이블의 좌석 배치는 가장 하기 싫은 일이었다. 때문에 헬레나와 에드워드는 12명이 앉을 수 있는 원탁을 애용했다. 그리고 테이블마다 특정한 배색을 했는데 때때로 음식을 할 때도 그렇게 했다. 이를테면 연어와 쇠고기구이, 딸기샐러드, 거기에 테라코타 병에 든 적포도주를 곁들여 붉은색 계통의 식탁을 차렸다. 이런 다양한 활동을 하면서도 헬레나는 자신의 일에 조금도 소홀히 하지 않았다. 당연히 잠을 조금씩 자는 수밖에 없었다.

오스트레일리아에 있는 체스카와는 계속 연락을 주고받았으며, 프랑스에서는 패션잡지에 난 기사와 광고 덕분에 제품과 그 사용법에 대한 문의가 쇄도했다. 헬레나는 에드워드와 함께 즐거운 마음으로 파리 여행길에 나섰다. 여기에는 그녀가 가장 좋아하는 패션 디자이너 폴 푸아레의 최신 의상을 구입하려는 목적도 있었다. 당시 최고의 디자이너 푸아레와 알게 된 것은 레이디 애스퀴스를 통해서였다. 레이디 애스퀴스는 거의 푸아레가 디자인한 옷만 입다시피 했으며, 그가 영국에서 사업을 확장하는데 도움을 주었다.

푸아레 역시 헬레나처럼 1909년에 니진스키가 출연한 러시아 발레단의 〈세헤라자드〉를 보고 레옹 박스트의 화려한 의상과 무대에 매료되었었다. 헬레나는 1미터 45센티미터의 작은 키에도 불구하고 멋진 스타일을 만들어주는 푸아레의 실력을 믿었다. 헬레나가 1908년 런던에서 그해의 베스트 드레서로 뽑힌 것은 모두 푸아레 덕분이었다.

어릴 때부터 패션에 관심이 많았던 헬레나는 자신의 사업에서 '눈길을 끄는 의상이 얼마나 중요한지' 잘 알고 있었다. 런던으로 돌아왔을 때 그녀가 파리에서 새로 마련한 의상은 예상대로 사람들의 관심을 불러일으켰고, 헬레나는 숨돌릴 새도 없이 일에 몰두했다.

헬레나는 파리에도 살롱을 열어야 했다. 그러나 1909년 봄 전혀 생각지도 못한 일로 그녀의 계획은 물거품이 되어버리는 듯했다. 임신을 한 것이다.

"나는 단 한번도 아이를 갖고 싶어한 적이 없었다. 아마도 끊임없이 일에만 몰두했기 때문인 것 같다. 그러나 막상 아이를 갖게 되자 그 기쁨은 이루 말할 수 없었다."

남편 에드워드도 몹시 감격하면서 기뻐했다. 그는 아내를 자상하고 세심하게 보살펴주었다. 몸이 편안해지자 헬레나는 갖고 싶은 것이 생겨났다. 사업장과 분리된 새 집이었다. 물론 정원이 딸린 집이라야 했다.

헬레나는 런던 교외의 조용하고 고풍스러운 퍼트니 히스에 있는 빅토리아 풍의 살기 좋은 집을 구했다. 공원처럼 넓은 정원이 딸린 20칸짜리 집이었는데, 미국인 은행가 피어펀트 모건의 집이었다. 사람들은 그 집을 특이하게도 '솔나'라고 불렀다. 그 집에는 온실이 3개 있었는데, 헬레나는 이곳에 관상수를 심어 아름다운 휴식공간으로 꾸몄고, 그중 한군데에는 분수도 설치했다. 그리고 방도 각기 독특한 스타일로 꾸며, 이 방에서 저 방으로 옮겨 다니다보면 시대별로 예술을 감상할 수 있도록 했다.

에드워드는 자신의 서재와 당구실을 갖게 되었다. 그동안 그는 출판업으로 직업을 바꾸었는데, 그러자 헬레나의 살롱에는 방문객이 더 늘어났다. 자주 오는 손님 가운데 영국의 조각가 제이콥 엡스타인도 있었다. 헬레나는 엡스타인을 통해 아프리카의 조각품을 접하고 그것을 수집하게 되었다. 당시는 왜 그렇게 특이한 예술품의 수집을 권하는지 이해하는 친구가 거의 없었으나, '흑인 조각품'을 수집하라고 한 엡스타인의 권유는 훗날 진가를 인정받았다.

집정리가 끝나자 동생 망카가 런던으로 왔다. 이제 헬레나는 마음놓고 동생에게 사업을 맡길 수 있었다.

드디어 그녀의 파리 입성이 이루어졌다! 프랑스 여성들은 자신에게 맞는 피부관리를 원했다. 그들은 자신의 피부가 어떤 타입인지, 어떤 크림이 자신에게 맞는지, 파우더나 아이섀도는 어떤 색을 어떻게 사용해야 하는지 끊임없이 물어왔다. 편지로 아무리 설명한다 해도 한계가 있었다.

의사 베르틀로 박사는 헬레나에게 마담 샤바론이라는 러시아 여성을 소개해주었다. 그녀 역시 미용관련 사업을 하고 있었다. 그녀의 남편은 자신과 사업 중 하나를 고르라고 강요했다. 샤바론은 남편을 뿌리치고 헬레나와 손을 잡았다.

헬레나는 출산 3개월 전, 파리의 루 생 오노레에 드디어 살롱을 열었다. 런던에서 출산을 하는 동안 사업을 믿고 맡길 사람이 필요했으므로, 헬레나는 바로 아래 동생인 파울리나를 파리로 불러들였다. 그리고 아들 로이를 순산했다. 갓 태어난 아기는 피부가 빨갛고 주름투성이었다. 헬레나는 갓난아기를 품에 안고 이렇게 중얼거렸다.

"왜 우리 인간은 이토록 주글주글하고 찡그린 모습으로 삶을 시작해야만 할까?"

하지만 그녀가 로이를 세상에서 가장 예쁜 아기라고 생각하기까지는 며칠이 걸리지 않았다.

엘리자베스 아덴

- 아름다움에 삶의 전부를 걸다

헬레나 루빈스타인은 자신의 가장 강력한 라이벌이 이미 미국시장을 장악하기 위해 준비하고 있다는 사실을 모르고 있었다.

플로렌스 나이팅게일 그레이엄은 1878년 12월 31일 캐나다 토론토 근교 우드브리지에서 태어났다. 플로렌스의 부모는 스코틀랜드와 잉글랜드에서 이주해온 사람들이었고, 플로렌스는 다섯 남매 가운데 넷째였다. 여기까지는 전기 연구가들의 의견이 일치하고 있으나, 재산 정도에 대해서는 두 가지 주장이 서로 엇갈리고 있다.

그중 하나는, 아버지 윌리엄이 40헥타르에 달하는 농장을 소유하고 있었고, 그곳에서 외국산 특종작물을 재배했으며 온실재배를 하는 작물도 있었다는 주장이다. 그는 식민지 무역업자로서 자신의 대형 짐마차로 다른 농장 경영인들에게

이를 납품했다는 것이다. 플로렌스는 "내가 어릴 때 아버지는 말을 좋아하셨고, 마차에는 순수혈통 말만 매었다"고 기억했다. 아마도 플로렌스는 이때부터 이미 귀한 혈통의 말을 좋아했는지도 모른다.

두번째 주장에 의하면, 아버지 윌리엄은 가난한 농부였는데, 유일하게 가지고 있던 말을 팔아 스코틀랜드에서 캐나다로 이민가는 비용을 마련했다는 것이다. 반면 어머니 수잔 피어스 태드는 콘월에서 경주용 말을 키우는 유복한 집안 출신이었다. 뿐만 아니라 그 집안은 대대로 내려오는 동안 엄청나게 불어난 부동산을 소유했고, 범선도 여러 대 가지고 있어 스코틀랜드 해안에서 화물운송 사업을 하기도 했다.

플로렌스의 아버지는 토론토로 이주한 초기에는 비정규직으로 만족해야 했다. 그러다 둘째딸 릴리언이 태어나기 얼마 전에야 토론토에서 10킬로미터 남짓 떨어진 우드브리지에 조그마한 농장을 갖게 되었다. 그는 말타기를 아주 좋아해서 돈을 빌려 말을 1마리 샀는데, 이것이 머지않아 여러 마리로 늘어났다.

플로렌스의 어머니는 몸이 약해 아무 일도 할 수 없었으므로, 플로렌스는 일찌감치 말농장 일을 도와야 했고, 나중에는 완벽하게 익힐 수 있었다. 플로렌스의 두 언니 크리스틴과 릴리언은 집안살림을 맡았고, 오빠 윌리엄은 농장에서 아버지 일을 도왔다. 막내 글래디스는 플로렌스를 너무도 좋아해 언제나 언니의 치맛자락을 잡고 졸졸 따라다녔다.

토론토에서 의사가 다녀간 후, 아버지 윌리엄은 자신이 우려했던 일이 현실로 나타났다는 사실을 확인했다. 아내가 결핵에 걸렸던 것이다. 당시 결핵을 치료하는 방법은 요양밖에 없었지만, 그럴 만한 돈이 없었다. 결국 플로렌스의 어머니는 그녀가 6세 때 세상을 떠나고 말았다. 어린 플로렌스는 갑자기 어머니가 돌아가신 것을 이해할 수 없었다. 어머니는 마음씨가 고왔고 다정하셨으며, 모든 사람들이 그녀를 좋아했다. 그런 어머니가 왜 돌아가셔야 한단 말인가? 그녀의 인생에서 어머니만큼 그녀를 사랑해줄 사람은 없었다.

플로렌스는 성장하면서 아버지가 물건을 내다 파는 시장에 따라다녔다. 여자들은 플로렌스가 어린 척할수록 두말 않고 부르는 값에 물건을 사주었다. 플로렌스는 이 원리를 간파했는데, 이것이 그녀가 처음으로 터득한 장사기술이었다.

플로렌스는 어머니를 잃고 할일이 더욱 많아졌지만, 어린 시절을 불우하게 보내지만은 않았다. 형제자매와 함께 헛간에서 즐겁게 뛰어놀았고, 당시 유행하던 캉캉춤을 춰보기 위해 자매들이 모두 할 수 있는 한 다리를 높이 들어올리며 흥겹게 춤도 추었다. 이때 플로렌스는 너무 잘하려다가 언니들이 보는 앞에서 그만 한쪽 엉덩이 관절을 삐고 말았다. 그녀의 엉덩이는 잘 낫지 않아 그후 자주 염증이 생겼으며, 때때로 몇달씩 자리에 누워 있어야만 했다. 이로 인해 그녀는 평생 동안 걸을 때 몸이 한쪽으로 약간 기울게 되었다.

전하는 이야기에 따르면, 플로렌스는 7세부터 인형의 손톱에 네일 에나멜을 칠하고 모래, 크림, 바나나를 섞어 만든 반죽을 얼굴에 바르기도 했다고 한다. 그러나 미래에 그녀가 거두게 될 성공을 암시할 만한 것은 아무것도 없었다.

플로렌스가 고등학교를 졸업하기 직전, 그녀의 학비를 대던 외가의 어른마저 세상을 떠났다. 그녀는 대학에 가고 싶었으나 그럴 형편이 못되었다. 자기 자신은 물론 가족을 부양하려면 무언가 배워야 했지만, 그녀는 무엇을 배워야 할지 확실히 알지 못했다.

아버지는 플로렌스가 자신의 농장에서 함께 일하기를 바랐지만, 그녀는 체구가 너무 왜소하다는 핑계를 대며 이를 거부했다. 신부님은 결혼을 하거나 선생님이 되라고 권했다. 그러나 플로렌스는 이것도 저것도 다 내키지 않았다. 무엇보다 결혼할 생각은 더더욱 없었다.

플로렌스는 어머니가 결혼으로 모든 것을 잃었다고 생각했다. 가족, 경제적 안정 그리고 목숨까지. 게다가 그녀는 요리, 바느질, 청소 등과 같은 가사일에는 흥미가 없었다. 아버지는 고집쟁이 딸에게, 그녀의 이름이 플로렌스 나이팅게일이라는 사실을 환기시키면서 간호사가 되라고 말했다. 17세 소녀였던 플로렌스는 간호사가 되면 명예와 훈장을 얻고 넓은 세계로 나아갈 수 있을 거라고 믿으며, 아버지의 뜻에 따르기로 했다.

플로렌스는 펨브로크라는 소도시 근방에 있는 영국 수녀회를 찾아갔다. 그 수녀회는 병원을 운영하고 있었다. 하지만 몇달 지나지 않아 그녀는 다시 집으로 돌아왔다. 병원 냄새가 역겨웠고, 그곳을 지배하는 절망적인 분위기도 참을 수 없었다. 환자들의 뒤틀린 육체를 보면 끔찍함과 슬픔이 함께 밀려왔다. 이제 누구도 더는 그녀에게 뭐라고 말할 사람이 없었다. 그녀는 반드시 특별한 사람이 되리라고 결심했다.

"열심히 생각하다보면 좋은 생각이 떠오를 거야."

그녀는 이렇게 믿었다.

병원에 있을 때 플로렌스는 어느 화학자가 피부병 치료연고를 제조하는 것을 어깨너머로 보아두었다. 그리고 병원에서 나올 때 그 제조법을 가지고 나왔다. 그녀는 치료와 동시에 피부를 아름답게 가꾸어주는 크림을 만들고 싶었다. 그 크림의 생산과 배송 사업이 번창하는 꿈을 꾸었다. 그녀는 아버지의 농장에서 실험을 시작했고, 자매들은 플로렌스가 만든 크림을 피부에 직접 발라보는 실험대상이 되어야 했다. 하지만 결과는 늘 실패였다. 크림은 냄새가 고약했고 자매들의 피부는 더욱 거칠어질 뿐이었다. 아버지는 아무데도 쓸모없는 딸에 대해 점차 인내심을 잃어갔다.

결국 플로렌스는 14킬로미터나 떨어진 토론토로 일자리를 구하러 떠났다. 그녀는 은행, 부동산 소개소, 탈장대(脫腸帶) 제조회사 등에서 하찮은 일을 하며 겨우 생활했다. 그녀가 우연히 화장법이 소개된 아주 중요한 소책자를 읽게 된 것은 바로 이 시기였을 가능성이 높다.

그 책은 해리엇 허바드 아이어가 쓴 『건강과 미용에 대한 완벽하고 믿을 만한 글』이었다. 미시즈 아이어는 1880년에 이미 화장품 회사를 건립하고 얼굴에 바르는 크림을 생산했는데, 그 제조법은 그녀가 파리 여행에서 얻은 것으로 추측된다. 그녀는 마담 르카미유도 이미 이 크림을 사용했다고 주장하면서, 노련하게 전국시장을 점유해나갔다. 마담 르카미유는 나폴레옹 시절의 미인으로, 정치인들이 회합하던 살롱을 운영했었다.

몇년 후 미시즈 아이어는 가정불화로 회사의 지분을 잃고 말았지만, 1896년부터 『월드』에 게재한 미용 칼럼이 대성공을 거두었다. 1899년에는 여성들의 요청에 따라 자신이 썼던 미용정보를 모아 500쪽이 넘는 책으로 펴내게 되었다. 해리엇 허바드 아이어 회사는 오늘날에도 세계를 무대로 활동하고 있으며, 1969년 유니레버가 그것을 인수했다.

1907년 플로렌스는 오빠의 친구 고드렝을 알게 되었다. 그는 조그마한 치과를 운영하는 의사였는데, 마침 보조원을 구하고 있어서 플로렌스는 여기에 한번 도전해보기로 했다. 그 치과는 플로렌스가 잠시 일했던 종합병원과는 딴판으로, 유리장에 에나멜 테이블 그리고 니켈을 입힌 의료기구 등 모든 것이 번쩍번쩍 빛나고 반들반들 윤이 났다.

플로렌스는 곧 그곳이 편해졌으며, 심지어 치과를 '의료 살롱'이라고 부르기도 했다. 다만 한가지, 찾아오는 환자가 별로 없어 일자리를 잃지 않을까 하는 걱정이었다. 그래서 플로렌스는 멋진 아이디어를 생각해냈다. 정기검진을 받지 않아 상하거나 빠진 이를 새까맣게 그려서 모든 환자에게 발송했던 것이다. 이로 인해 1년 만에 그 병원의 수입은 2배로 늘어났다. 이것은 향후 그녀의 인생에 영향을 끼친 두번째 교훈이 되었다.

여자 환자가 진료의자에 앉아 있을 때면, 플로렌스는 농진이나 사마귀, 너무 짙은 눈썹, 너무 옅은 눈썹, 창백한 뺨 등 여자들의 얼굴에서 온갖 흠을 부담없이 관찰할 수 있었다. 환자 가운데는 때때로 참기 어려운 악취를 풍기거나 머릿결이 매우 거친 여자도 있었다.

약국에서 파는 약은 그녀들에게 아무 도움이 되지 않았으므로, 플로렌스는 또 다시 크림을 생각하게 되었다. 그리하여 여성의 아름다움을 자신의 일로 삼겠다고 결심하며, 거기에 자신의 미래를 걸기로 마음먹었다.

플로렌스는 얼마 전부터 뉴욕에 살고 있던 오빠 윌리엄으로부터 미국에 대한 이야기를 들었다. 무한한 자유의 나라, 부유한 여자들이 사는 나라, 최첨단 패션과 미용 살롱이 있는 나라, 미국으로 가야 해! 그녀는 결심했다.

1908년 플로렌스는 완강하게 반대하는 아버지를 뒤로 하

고 오빠가 있는 뉴욕으로 갔다. 잠시 제약회사인 스퀴브 &
선즈에서 속기사와 경리로 일하는 동안, 플로렌스는 권위 있
는 그 회사 연구소에 관심을 가졌다. 바쁜 업무 중에도 틈만
나면 그곳으로 달려가, 화학자들을 세밀히 관찰하며 그들의
손끝에서 비법을 알아내고자 했다.

플로렌스의 인생여정에서 그 다음 단계는 결정적인 운명의
시기라고 할 수 있다. 성공한 화장품 회사인 엘리노어 아데어
에서 운영하는 살롱의 경리로 취직한 것이다. 그 살롱은 멋진
5번가에 있었는데, 이곳은 당시 이미 상류층을 상대로 하는
업소들이 즐비하기로 유명했다.

아데어는 아일랜드 출신으로, 5번가 살롱 외에도 파리와
런던에 살롱이 있었는데, 그곳에서도 성업을 이루는 중이었
다. 아데어는 얼굴을 크림과 로션으로 마사지하기 전에 아래
턱을 위로 붙여 단단히 묶는 방법을 취했다.

간호사 시절부터 마사지를 잘했던 플로렌스는, 자신의 재
능을 발견하고 미시즈 아데어에게 마사지를 가르쳐달라고 요
청했다. 미시즈 아데어는 월급을 주지 않는다는 조건으로 그
녀의 요청을 받아들였다. 손님으로부터 받는 팁이 수입의 전
부인 셈이었다. 그러나 곧 손님들 사이에 '싹싹한 캐나다 아

가씨'라는 소문이 퍼졌고, 그녀의 손을 '자석 손'이라고까지
부르게 되면서 플로렌스에게 예약손님이 넘쳐났다. 그 와중
에도 플로렌스는 화장품 생산의 기초적인 법칙을 배웠고, 경
리일을 보면서 미용산업이 엄청난 수익을 올릴 수 있다는 사
실을 깨달았다.

당시는 미국 여성들이 미용관리와 피부보호의 중요성을 깨
닫기 시작하던 때였으며, 거기에는 의학이 큰 영향을 미쳤다.
크림이 실제로 주름을 방지하고 여드름을 억제한다는 사실이
의학적으로 증명되자, 미용에 대한 인식이 달라졌고, 화장도
점차 일반화되기 시작했다.

그전까지만 해도 청교도 사회인 미국에서는 배우들이나 이
중인격자만이 화장을 하는 것으로 생각했으며, 얼굴에 색을
칠하는 것은 부도덕한 행위로 간주되었다. 배우의 화장도 단
지 무대에서만 허용되었을 뿐, 무대 밖에서는 화장을 한 채
다니지 못했으며, 일반인들이 화장을 하는 것은 멸시의 대상
이 되었다.

플로렌스의 타이밍은 그야말로 완벽했다. 그녀는 마사지사
로서 그리고 판매원으로서 실력을 인정받았다. 욕심이 많아
일주일에 6일씩 아침부터 저녁까지 일했고, 쉬는 날에도 다

른 살롱을 찾아다니며 그곳에서 사용하는 기술과 제품을 알아보았다. 이처럼 그녀는 일밖에 몰랐지만 그래도 행복하고 매우 만족스러웠다.

그후로는 모든 일이 빠르게 진행되었다. 살롱 순회를 하던 중 플로렌스는 엘리자베스 허바드를 만나게 되었다. 허바드의 마사지 기술은 뛰어나진 않았지만, 대신 아데어의 크림보다 더 나은 제품을 그녀에게 제공했다. 플로렌스와 허바드는 곧 두 사람의 재능을 한곳에 합치면 대단히 좋은 결과를 낳으리라는 사실을 깨달았다.

1909년 두 사람은 공동으로 살롱을 열었다. 5번가 503번지의 4층이었다. 월세는 75달러였고, 마사지 한번에 2달러를 받았으며, 10달러를 내면 6회를 받을 수 있었다.

이때 살롱 이름을 짓는 문제로 두 사람은 격렬하게 다투었다. 플로렌스는 자신의 이름이 출입문과 창문에 내걸리고 광고에 실리는 것을 보고 싶었지만, 두 사람의 이름을 모두 합하면 너무 길고 이상했으므로, 결국 마지막 순간에 그녀가 양보할 수밖에 없었다. 대신 업소를 '살롱'으로 부르겠다는 그녀의 주장은 관철시켰는데, 살롱이라는 말이 당시 일반적으로 쓰이던 '팔러 parlour' 보다 더 멋있고 현대적이라고 여겼기 때문이었다.

그때 플로렌스는 31세였으나 행동이나 모습은 마치 20세처럼 보였다. 그녀는 평생 이 모습을 유지했다. 손님들은 그녀의 흠잡을데 없는 피부와 날씬한 몸매에 감탄하며, 그녀에게 피부관리를 맡겼고 사업은 날로 번창해 갔다.

그러나 몇달 지나지 않아 허바드와 플로렌스는 각자의 길을 가게 되었다. 허바드가 자신은 제품 생산에만 전념할 테니, 플로렌스가 혼자 판매와 서비스를 맡아 집세와 운영비를 조달하라고 요구한 것이다. 그렇게 되면 플로렌스에게 남는 돈은 아데어 살롱에 있을 때보다 훨씬 적어질 터였다. 두 사람은 심한 언쟁을 벌인 뒤 곧바로 결별했다.

다행히 플로렌스는 집주인과 사이가 좋아 살롱에 남을 수 있었다. 4주 후 엘리자베스 허바드는 그곳에서 4집 건너인 505번지로 이사했다. 그러나 뉴욕 외곽에서 찾아오는 사람들은 503번지 플로렌스의 살롱앞을 먼저 지나게 되었다.

변화의 물결

19세기에서 20세기로 넘어갈 즈음 유럽의 여성들은 공기와 빛이 차단된 실내, 꽉 조이는 코르셋, 거대한 크리놀린(스커트를 부풀리기 위해 받쳐 입는 패티코트 - 옮긴이), 가발로 땋은 머리, 얼굴뿐 아니라 온몸에 칠하던 진한 백분칠에 신물이 나 있었다.

의학계에서는 청결과 운동, 신선한 공기가 약물보다 건강에 더 좋다는 사실을 강조했지만, 사람들은 1892년 콜레라가 유럽전역에 퍼졌을 때에야 비로소 이것을 제대로 깨닫기 시작했다. 생활 구석구석에 위생관념이 급속히 전파되면서 건강과 관리 그리고 미용에 대한 의식도 고취되었다. 학교에서는 여학생에게도 체육을 가르쳤고, 어둡고 두꺼운 커튼을 치웠으며, 대문과 창문이 활짝 열렸다.

이즈음 최초의 여성잡지가 등장했다. 저술가이자 여성해방

운동의 선구자인 루이제 오토 페터스는 1848년 라이프치히에서 잡지 『여성』을 창간했다. 『여성』은 2년 후 폐간되었지만, 1865년에 창간된 『범독일여성단체』는 그후 수십년에 걸쳐 여성해방운동을 선도했다.

1855년에는 주간지 『바자 여성화보』가 창간되어, 1933년까지 베를린의 바자 출판주식회사에서 레오폴트 울슈타인의 지휘 아래에 출간되었다.

1891년 라이프치히와 베를린의 오토 바이어 출판사에서 나온 『월간 바이어』는 훗날 『독일 패션신문』으로 바뀌었다. 이 잡지는 1944년까지 출간되었는데, 1930년대까지는 '여성 민족세계' 라는 부제가 붙어 있었다. 『범독일여성단체』가 주도하던 여성해방운동을 1902년부터는 『독일 패션신문』이 이끌었다.

1894년 '독일여성단체연합' 이 탄생했다. 이는 직장여성동맹이나 교육, 직업 또는 관습관련 조직 등 개별기관들이 통합된 것이었으며, 처음으로 여성도 대학에 진학했다.

1880년대 말의 여성운동은 미용과 패션 그리고 헤어스타일을 결정하는 중요한 요인이 되었다. 여성들은 가정과 직장에서 평등한 권리를 요구하는 동시에, 옷과 신발 그리고 머리

모양은 편하고 건강에 좋은 것을 원했으나, 화장은 거부했다. '급진파 여권운동가' 들은 여성의 수수한 겉모습을 지나치게 강조하기도 했지만, 이로써 여성은 기존의 엄격한 규범을 벗어나 무엇을 입고, 어떻게 꾸미며, 머리모양을 어떻게 할지에 대해 스스로 선택할 수 있게 되었다.

향수는 여전히 사치품이어서 상류층에서만 사용했다. 그들이 사용하는 향수에는 밀향고래나 숫사향노루의 배설물 같은 향은 쓰지 않았다. 이런 향은 너무 진해 오히려 비웃음을 샀다. 중산층에서는 '사봉(좋은 향)'을 주로 사용했다. 사봉은 코르크 마개로 막은 얇고 작은 병에 넣어 판매되었다.

프랑스 귀족 장 프랑수아 우비강은 1775년에 향수회사를 설립했는데, 1792년에 그 유명한 청량수 '4711 콜롱'을 시장에 선보였다. 4711 콜롱은 남녀 공용으로, 미국에서는 이보다 40년이나 먼저 '넘버 식스'라는 콜롱이 개발되어 초대 대통령 조지 워싱턴도 이를 애용했었다. 뉴욕 48번가 모퉁이와 렉싱턴 애비뉴에 있는 미국에서 가장 오래된 캐스웰 메시 약국에서는 오늘날에도 이 콜롱을 구할 수 있다.

1867년 파리에서 열린 세계박람회에서 최초로 향수가 선보였으니, 그중에서는 부분적으로 합성한 향도 있었다. 1888

년에 이미 인공사향이 개발되었으며, 그보다 5년 후에는 독일 홀츠민덴 출신의 화학자 빌헬름 하르만이 인공 제비꽃향을 개발해 특허를 냈다. 이제 '코'를 두고 하는 연구와 실험에는 한계가 없었다. 그 결과 무엇보다도 향수 생산비를 몇분의 일 수준으로 절감하게 되었고, 따라서 누구나 사용할 수 있게 되었다.

프랑스의 작가 오노레 드 발자크가 1838년에 쓴 작품은 향수에 대한 기념비가 되었다. 300쪽에 이르는 이 작품은『향수계의 황제, 레지옹 도뇌르 훈장 소지자, 파리 제2구 의회의원 비로토의 부침의 역사』라는 긴 제목을 붙이고 있으나, 집필하는 데는 고작 17일밖에 걸리지 않았다.

1850년 약사의 아들인 리처드 허드넛은 화장수와 향수를 저항감 없이 받아들이는 프랑스 여자들에게 매료되었다. 뉴욕으로 돌아온 그는 브로드웨이에 있는 아버지의 약국에 진열대를 설치하고 향수, 화장수, 모발보호제 등의 판매를 시작함으로써, 미국 화장사를 열게 되었다.

또한 1867년 파리 세계박람회에 선보인 머리 염색제는 조용한 센세이션을 불러일으켰다. 머리색을 바꾸기 위한 사람들의 노력은 수세기 동안 이어진 모험이었으며, 그 결실이

'황금의 청춘 샘물'이라는 낭만적인 이름의 과산화수소수 H_2O_2로 나타난 것이었다. 아직 주름을 없애는 방법은 찾지 못했지만, 적어도 머리만은 짧은 시간에 밝은 금발로 염색할 수 있었다. 모발의 자연적인 색소를 탈색하는 방법이었는데, 모발 보호 측면에서 볼 때 결코 좋은 방법은 아니었지만, 효과는 매우 컸다.

1888년 독일의 화학자 호프만은 화학성분을 기초로 하여 그 당시로서는 매우 현대적이고 어느 정도 안전한 머리 염색제를 개발해 특허를 냈으며, 그보다 약 20년 전 파리의 미용사 크루아자는 헤어스타일과 그에 필요한 세부사항을 5권짜리 책으로 정리하여 펴냈다.

관능미를 위하여

헬레나 루빈스타인
런던 · 파리 · 뉴욕에서 사교계의 여왕으로

엘리자베스 아덴
일에 몰두하고, 사랑에 빠져들다

에스티 로더
어머니의 향기에 매료된 어린 시절

향수가
사랑의 욕구를
자극하다

관능미를 위하여

20세기 초 평민계급의 여성은 건강과 멋 중에서 하나를 선택해야 했다. 의사와 위생사의 조언에 따라 물로 깨끗이 씻고, 칫솔로 이를 닦고 치과에서 검진을 받는 것이 너무도 당연시되었다. 아이들은 젖먹이 때부터 체조를 시켰으며 밖에 나가 운동을 했고, 수영장과 율동체조의 보급으로 대중 스포츠의 저변이 확대되었다. 반면 패션에 있어서는 자동차 바퀴만한 모자에 꽉 조이는 코르셋, 건강을 해치는 하이힐과 지나치게 타이트한 스커트가 유행했는데, 여성들은 여전히 이런 패션을 포기하려 들지 않았다.

독일에서는 1904년부터 『독일 여성의복과 여성문화』라는 패션잡지가 발간되었다. 이 잡지는 '독일 여성의복과 여성문화를 위한 연맹' 이 오토 바이어 출판사에서 펴낸 것인데, 1930년부터는 『독일 여성문화와 여성의복』이라는 제목으로 나오다가, 1년 후에는 『독일 여성문화』로 바뀌었다.

1910년경까지만 해도 여성들의 헤어스타일은 단순하고 간단했다. 머리카락을 고데기로 지져 가벼운 웨이브를 만들고, 머리에 가르마를 낸 후 잘 정리한 웨이브 머리를 이마로 내려 보내고 귀 뒤로 넘겨 목덜미에서 작은 매듭을 만들어 붙였다. 이브닝 파티에서는 머리를 학의 깃털로 장식했으며, 머리숱을 풍성하게 보이고 싶을 때는 부풀머리를 만들거나 소형 쿠션을 넣어 받쳤다.

그러나 1차세계대전이 일어나자 미용관리나 복잡한 머리 모양을 할 시간이 없었다. 남자들은 모두 전쟁터에 나가고 없었으므로, 여자들이 팔을 걷어부치고 무기공장과 기계공장에서 열심히 일해야 했다. 따라서 모든 것이 실용적이어야 했으며, 머리는 하루 종일 일하는 동안 흐트러지지 않도록 간단하게 위로 틀어올렸다.

머리를 감을 때는 까만 머리모양이 그려져 있는 '샤움폰'을 사용했는데, 처음에는 제비꽃향이 첨가된 것뿐이었지만 1908년부터는 계란, 타르 또는 카밀레 꽃을 첨가한 제품이 나왔다. 샤움폰은 함부르크의 약학자 한스 슈바르츠코프가 개발한 것이었는데, 여기서 발전한 것이 바로 지금의 샴푸다.

슈바르츠코프는 두발관리 전문가가 되었고, 그 분야에서 대기업을 창립하기도 했다.

미용분야도 발전하여 화장품은 화학 및 의학과 연대했다. X선이 발견되고 호르몬과 비타민에 대한 이론이 뿌리를 내리기도 했다. 또한 집안에서만 전해내려오는 조제법이나 '마녀'만이 만들 수 있다고 믿었던 묘약의 비법들이 학문적으로 증명되었다. 피부와 모발의 성장을 촉진시키는 호르몬과 비타민, 피부에 작용하는 난황과 우유의 효과, 라놀린 유와 같이 빨리 스며드는 몇몇 기름들, 카밀레와 최음제의 탈색작용, 녹슨 금속의 착색작용 등, 이제 미용재료를 혼합하는 작업이 실험실에서 공식적으로 실시되었다.

1900년 이후에는 진한 향수가 유행했다. 사람들은 열정을 진한 향으로 나타내고자 했다. 오늘날에도 그러하듯 이때도 향수는 사랑의 선물이었다.

1차 세계대전 이전에는 '나르시스 누아르Narcisse Noir'와 같은 짙은 꽃향기가 유행했다. 이 향수는 카롱 사에서 나온 것으로 1911년 에르네스트 달트로프가 개발한 것인데 수선화, 자스민, 오렌지 꽃, 사향, 백단목을 섞은 것이었으며, 영화배우 글로리아 스완슨은 '나르시스 누아르' 없이는 못 살

것이라고 말하기도 했다.

1년 후에 우비강은 자스민, 라일락 그리고 장미를 섞어 감미로운 '켈커 플레Quelques Fleurs'를 내놓았다. 1913년 영국의 야들리 가에서 개발한 남성용 향수 '잉글리시 라벤더 English Lavender'는 라벤더와 오렌지 꽃 그리고 백단목을 섞은 것이었다. 전쟁중에는 게를랭이 개발한 '자스미라다 Jasmirada'가 암울한 시대를 살아가는 여인들에게 낭만에 대한 그리움을 달래주었다.

전쟁이 끝나자 향수산업에 이국풍이 불어닥쳤다. 향수업계는 문학과 예술에까지 손을 뻗쳐, 1919년 게를랭이 선보인 복숭아향의 '미츠코Mitsouko'는 클로드 파레르의 소설『전투』에 나오는 일본인 여주인공의 이름을 딴 것이었다. 그보다 2년 전인 1917년, 프랑수아 코티는 키프로스 섬을 여행하고 돌아온 후 '시프르(Chypre, 키프로스 섬의 프랑스 어 표기 – 옮긴이)'를 개발했다.

이 향수는 키프로스 섬 특유의 냄새와 프랑스의 포텐블뢰 숲의 참나무 이끼에 착안하여 만든 것이다. 약간 떫은 듯한 시프르 향수는 바야흐로 향수산업의 한 시대를 풍미하게 된다. 코티는 참나무 이끼향, 랍다넘 향(Labdanum, 동물성 향료인 용연향과 비슷한 향취가 나는 식물 - 옮긴이), 인공사향, 파출리 기름 그리고 베르가모 향 등 다양한 시프르 제품을 내놓았다. 파출리 기름은 동남아가 원산지인 파출리의 잎과 줄기에서 추출한 기름이며, 베르가모는 남부 이탈리아에서 생장하는 유자의 일종이다.

헬레나 루빈스타인

– 런던 · 파리 · 뉴욕에서 사교계의 여왕으로

20세기 초에 이르자 헬레나 루빈스타인의 사업은 그녀가 잠시 손을 떼도 될 만큼 기반이 확고해졌다. 그녀는 애초부터 미용이 최대의 효과를 내기 위해서는 의학의 지원을 받아야 한다는 생각이었으므로, 시간을 투자해 유럽 전역을 도는 '수학여행' 길에 올랐다. 멜버른과 런던, 파리의 살롱은 동생들이 맡아 운영했으므로 안심할 수 있었다.

헬레나는 제법 긴 기간 동안 휴식을 취하며 가족과 많은 시간을 함께 보냈다. 아주 가끔 사교계에 모습을 드러낼 뿐이었다. 1912년에 둘째 아들 호라스가 태어났는데, 헬레나는 이때를 '너무도 행복하고 평화로운 시절'이었다고 회상했다.

그렇지만 일에 대한 그녀의 열정은 가슴속에 가만히 머물러 있지 않았다. 그녀는 "나는 아이들을 키우는 것만으로 도저히 만족할 수 없었다"고 고백했다. 그러니 남편만을 바라

보고 사는 삶은 말할 필요도 없었다.

티투스와 루빈스타인 집안 식구들은 모두 1차세계대전이 발발한 1914년에 파리로 이주했다. 에드워드가 먼저 가서 몽파르나스에 적당한 집을 구했고, 나중에 식구들이 뒤따라와서 천천히 집안정리를 했다.

헬레나는 다시 자기 일에 매달릴 수 있게 되었다. 그녀는 우선 루 생 오노레의 살롱을 새롭게 단장했는데, 물론 특유의 철저함을 발휘하여 벽과 커튼, 가구를 모두 새로운 것으로 바꾸었다. 마사지실은 생동감 넘치는 색으로 칠하고, 부드럽고 폭신한 양탄자를 깔아 발소리가 나지 않도록 했으며, 꽃꽂이는 마사지실의 색조에 맞추어 매일 바꾸도록 했다.

헬레나는 직접 손님을 맞이했고 그들의 피부분석을 해주면서, 언제나 적재적소에 있었다. 그러는 동시에 생 클루 연구소의 수석 화학자에게 의뢰하여 다양한 색조의 립스틱과 볼터치를 새로이 개발하고, 아주 살짝 색을 입혀 '자연스럽게' 보이는 파우더도 개발했다. 이 모든 제품은 화장을 안 한 것 같으면서도 아름답게 보이고 싶은 '적극적인 신여성'을 겨냥한 것들이었다.

언제나 새로운 것을 추구하던 헬레나는 스웨덴 식 마사지를 발견하고는 거기에 몰입했다. 이는 전신 마사지였는데, 이제 얼굴뿐만 아니라 꽉 조이는 코르셋에서 해방된 몸도 관리할 때가 왔다고 생각한 것이었다. 그러나 과연 파리지엔느들이 옷을 모두 벗은 채 마사지를 받으려고 할까? 헬레나가 이런 의구심을 품고 있을 때, 마침 젊은 스웨덴 아가씨 울라가 헬레나를 찾아왔다. 울라는 병원에서 근무하며 전신 마사지 경험을 쌓은 사람이었다.

광고는 일단 젊은 여성작가 콜레트가 맡았다. 콜레트의 남편은 아내에게 끊임없이 글을 쓰라고 권유했으며, 콜레트가 쓴 작품들은 앙리 고티에 빌라르라는 남편의 이름으로 출판되어 큰 성공을 거두었는데, 그 책의 진짜 작가가 누구인지는 공공연한 비밀이었다.

콜레트는 연극비평가로도 이름을 날렸고, 배우로도 활동하면서 스캔들을 뿌리기도 한 인물이었다. 남편이 없을 때 그녀는 헬레나의 살롱으로 몰래 숨어들어와 쉬었다 가곤 했는데, 헬레나는 그녀를 대상으로 새로운 시도를 단행했다.

콜레트는 헬레나의 살롱에 마사지를 받으러 가야 하는 필요성에 대해 언론에 공개하기도 했다. 전신 마사지를 받은 콜레트는 특유의 허스키한 목소리로 이렇게 말했다.

"나는 지금까지 이렇듯 기분 좋아본 적이 없었어요. 이제 나는 누구 앞에든 당당히 나설 수 있습니다. 상대가 내 남편 일지라도!"

콜레트의 반응 덕분에 울라의 스케줄은 1분도 안 남기고 예약손님으로 꽉차버렸다. 몇년 후 콜레트 자신도 미용용품 생산과 살롱사업을 시작했지만 오래 가지는 못했다.

헬레나 루빈스타인은 파리의 화려한 사교계에서도 성공을 거두었으며, 이는 헬레나의 친구 미샤 나탕송 에드워즈 덕분이었다. 미샤는 헬레나와 같은 폴란드 출신으로, 생각이 진보적이었으며 매력과 지성, 우아함을 겸비했을 뿐 아니라 티없이 깨끗한 피부와 완벽한 몸매까지 갖추고 있었다. 미샤는 많은 예술가를 후원했는데, 특히 로트렉과 르누아르는 감사의 뜻으로 그녀의 모습을 초상화로 남기기도 했다.

미샤는 시인, 저술가, 작곡가들과도 잘 알고 지냈다. 그녀는 1893년 『라 러뷔 블랑쉬 La Revue Blanche』의 발행인 타디 나탕송과 결혼했으며, 『라 러뷔 블랑쉬』는 1889년에서 1903년까지 발행되었다. 미샤는 1900년에 다시 유명한 일간지 『르 마텡 Le Matin』의 소유주인 재력가 알프레드 에드워즈와 결혼한다. 이 평범하지 않은 여인은 그후 카탈로니아 출신의 화가 호세 마리아 세르트와 결혼하기도 했다.

미샤는 헬레나가 맞이할 '첫날'을 위해 고객명단을 만들고, 초대장을 보내는 등 완벽하게 준비해주었으므로, 그날은 대성황을 이루어 헬레나의 살롱은 더 큰 호황을 누렸다. '내 고객은 상위 1만 명에 드는 사람들'이라고 루빈스타인은 자랑스럽게 발표했다.

갈수록 헬레나에게 아이들을 돌볼 시간이 없어졌다. 새로운 분야에 마음을 빼앗기기 시작했으니, 바로 예술품 수집이었다. 헬레나는 미샤의 지도를 받아가며 후앙 그리스, 조르주 브라크, 피카소의 추상화를 수집하기 시작했다. 이렇게 시작한 예술품 수집은 — 수집작 가운데 졸작도 있어 논란을 불러일으키기도 했지만 — 차후 아주 큰 규모로 발전했다.

헬레나는 그녀의 자서전에서 "에드워드는 저작활동에 몰두했고 매우 행복해했다"고 술회했다. 그런데 1914년 8월 유럽에서 발발한 1차세계대전은 이 평화로운 시간에 마침표를 찍었다.

1915년 초에 폴란드계 미국인이었던 에드워드는 미국으로 가자고 아내를 설득했다. 아이들을 위해서도 그러는 것이 좋다는 것이었다. 그리하여 헬레나는 다시 동생 파울리나에게

사업의 총수역을 맡겼다. 에드워드와 결혼한 덕분에 미국국
적을 지닌 헬레나와 달리, 파울리나와 망카는 미국으로 갈 수
없었다. 그럼에도 헬레나는 유럽에서 쌓은 사업기반을 포기
하기가 쉽지 않았으며, 미지의 세계가 두렵기까지 했다. 하지
만 그곳에서 엄청난 성공을 거두게 될 줄을 그녀는 꿈에도 몰
랐던 것이다.

주위가 꽁꽁 얼어붙은 어느 겨울 날 뉴욕에 도착한 헬레나
는 처음으로 미국 여성들을 보았다. 그런데 하나같이 얼굴은
창백하고 입술은 잿빛이었으며, 코는 추워서 보라색을 띠고
있었다. 헬레나는 그런 여자들의 모습에서 미국시장의 어마
어마한 잠재력을 읽었으나, 에드워드에게는 아직 자신이 보
고 느낀 점을 말하지 않았다.

"우선은 집을 구하고 아이들을 학교에 보내고 여러 가지로
자리를 잡는데 주력해야 했다."

봄이 되자 그녀는 뉴욕 외곽 코네티컷의 그리니치에 대저
택을 구했다. 넓은 공원이 호수에까지 이어져 있어 두 아이를
키우기에는 더없이 좋은 곳이었다. 로이는 웨체스터에 있는
작은 학교에 다녔고, 호라스는 아직 학교에 다니지 않았다.
헬레나는 집을 수리하고 방을 정리하는데 그해의 나머지 시

간을 보냈다.

그후부터는 거칠 것이 없었다. 1916년 헬레나는 이스트 49번가 15번지에 미국에서의 첫 살롱을 열었으며, 그곳에서 모퉁이만 돌면 바로 엘리자베스 아덴의 살롱이 나타났다.

물론 헬레나는 경쟁자의 살롱에 가지 않았으며, 대신 아는 사람을 '산업 스파이'로 보냈다. 그러자 스파이들은 그곳의 시설에 대해 "온통 분홍색이야. 너무 미국적이더군!"이라는 보고를 했고, 그곳에서 파는 제품도 가지고 왔다. 헬레나는 아덴의 모든 제품을 면밀하게 검사했는데, 그 가운데 일본풍의 금속 분합(粉盒)이 특히 그녀의 마음을 사로잡았다. 그때 헬레나는 '내 제품과 그녀의 포장을 합치면 전세계를 평정할 수 있을 것'이라고 생각했다.

1950년에 한 어느 인터뷰에서 헬레나는 '엘리자베스 아덴은 화장품 용기를 대단히 중요시하고 가능한 한 예쁘게 만들고자 하지요. 그러나 나는 용기 안에 든 내용물을 가장 중요하게 생각합니다'라고 말했다. 따라서 사람들은 아덴의 제품은 주로 선물용으로, 루빈스타인의 제품은 자신이 쓸 목적으로 사곤 했다.

헬레나는 라이벌인 엘리자베스 아덴을 늘 예의주시했는데,

특히 그녀의 외모는 관심사가 아닐 수 없었다. 어느 날 파티에서 그녀는 아덴을 보고, 비서 오히긴스에게 특유의 스타카토 음성으로 이렇게 속삭였다.

"괜찮은데! 피부도 좋고 턱도 잘 생겼어. 그런데 머리색은 나이에 걸맞지 않게 너무 요란하군." 헬레나 자신은 6주에 한번씩 자신의 제품으로 머리를 염색하고 있었다.

헬레나는 살롱 벽에 짙푸른 빌로드를 펼쳐 분홍색 목제틀 사이에 고정시키고, 고풍스러운 가구는 하늘색 실크로 씌웠다. 폴란드 출신 조각가 엘리 나델만의 작품은 특별한 분위기를 연출하기에 안성맞춤이었다. 헬레나는 엘리의 작품을 여러 점 구입해 그를 후원해 왔다. 개업준비는 세부사항까지 철저하게 고려해야 하는 치밀한 군사작전과도 같았다. 이 일에 에드워드는 없어서 안 될 중요한 존재였다.

그는 어느 신문사 편집실을 통해, 호텔과 신문사를 소유한 제이콥 애스터의 부인 미시즈 애스터가 초대한 무려 1,500명에 달하는 고객명단을 손에 넣었다. 헬레나는 그 가운데 뉴욕에 거주하는 사람에게만 초대장을 보냈다. 직접 손으로 쓴 초대장을 제복을 갖춰 입은 직원을 시켜 전달했다. 뿐만 아니라 기자회견도 했다.

     1910년 ~ 1920년

에드워드는 기자회견에 대비해 모든 자료를 준비했다. 거기에는 물론 자기 아내에 대한 자료도 포함되어 있었는데, 그 보도자료에서 헬레나의 나이는 실제보다 11세나 낮춰져 있었다. 이것은 라이벌인 엘리자베스 아덴의 나이가 상대적으로 많아 보이게 하려는 의도였으나, 몇년 후에는 아덴도 나이를 낮춰 다시 헬레나보다 4세 아래가 되었다.

1916년의 대대적인 기자회견은 대단히 성공적이었다. 언론을 통해 반응이 광범위하게 나타났다. 푸아레의 의상을 입은 헬레나의 모습이 안 나온 잡지가 없을 지경이었다. 헬레나는 자신의 살롱과 의상을 통해 뉴욕에 유럽의 분위기를 전달하고자 했는데, 이런 분위기는 호기심에서 살롱을 찾아온 여성들의 입을 통해 이미 소문이 나 있었다.

미국 여성들은 청교도적인 사회 분위기의 영향으로 살롱 출입을 꺼렸기 때문에, 런던의 여성들과 마찬가지로 몰래 입구를 통과해 3층에 있는 익명의 사무실로 들어왔다. 처음에 헬레나는 그들에게 얼굴 마사지만을 제공했을 뿐, 아직은 색조화장품이나 전신 마사지 등으로 살롱의 차별화를 꾀할 수 없었다.

그러나 전쟁이 종반에 이르면서 상황은 달라졌다. 유럽에 파병되었던 미군이 귀환하면서 해방된 여성의 새로운 모습, 특히 패션과 화장의 새로운 패턴을 수입해 왔다. 또한 미국 여성들도 남자들이 전쟁터로 나간 후 혼자 살아오는 동안, 자신감이 더욱 커졌다.

헬레나는 에드워드의 도움을 받아 유수 여성지와 일간지에 자신의 제품에 대한 광고를 싣는 일부터 시작했다. 오스트레일리아에서와 마찬가지로, 여성들에게 1916년의 여름은 매우 뜨거울 것이므로, 피부를 보호하라고 조언하는 내용의 광고였다. 요즘으로서는 너무 진부하고 약간 촌스럽게 들리는 문구였지만, 헬레나는 미용 분야에서 인정받는 자신의 명성을 광고에 이용했다.

"여름철 피부를 여드름과 그을림으로부터 보호합시다. 민감한 여성 피부가 햇볕에 손상을 입지 않도록 예방하는 법을 헬레나 루빈스타인이 알려드립니다. 이것은 마담 루빈스타인만이 자신있게 할 수 있는 약속입니다. 마담은 피부미용 분야에서 누구나 다 인정하는 독보적인 권위를 확보했습니다. '살롱 드 보테 발라제' 라는 이름으로 유명한 런던과 파리의 클리닉에는, 유명 미인과 유럽 왕실 여성들의 발길이 끊이지 않습니다."

이러한 문구 아래 햇빛의 피해에 대한 과학적인 설명을 덧붙인 광고는 주효했다. 미국의 다른 도시에서도 마사지를 받으러 헬레나의 살롱을 찾아왔다. 뉴욕 여행길에 들르는 여성은 물론이고, 일부러 찾아오는 여성도 있었다.

쇄도하는 주문과 일상의 일들을 모두 혼자 감당하기 어려운 헬레나는 동생 망카가 몹시 아쉬웠다. 망카와는 어린 시절부터 특히 마음이 잘 통했었다. 헬레나는 대서양 건너 런던에 있는 동생에게 도움을 청했고, 망카는 긍정적인 회신을 보내왔다. 전후 많은 사람들이 미국으로 몰려들 때, 다행히 망카도 그들의 대열에 낄 수 있었다. 이는 헬레나가 두터운 인맥을 통하고 적재적소에 돈을 써서 얻어낸 기회였다.

2개월 후 드디어 망카는 뉴욕에 도착했다. 망카가 살롱을 맡아준 덕분에 헬레나와 에드워드는 미국 전역으로 여행할 수 있었다.

1917년에는 샌프란시스코에 살롱을 열어 스웨덴 식 마사지로 즉각 성공을 거두었으며, 이어 필라델피아와 보스턴에도 살롱을 열었다. 그로부터 얼마 후에는 라이벌 아덴의 텃밭인 워싱턴과 시카고에도 자신의 시장을 개척했다. 캐나다 시장에는 토론토 지점을 열어 아덴보다 일찍 진출했으나, 아덴은 1920년에 파리에 살롱을 열어 반격해 왔다.

새로운 변화의 물결이 헬레나를 도왔다. 백화점들이 그녀의 제품을 판매하겠다고 나섰는데, 그 가운데 상당수는 아덴의 제품을 유치하는 데 실패한 곳들이었다.

헬레나는 백화점 판매에 대해 원칙적으로 반대하지는 않았지만, 그렇게 되면 루빈스타인 사업의 주축인 고객 개인관리는 어떻게 할 것인지 고민스러웠다. 살롱에서는 그녀와 망카에게서 교육받은 전문미용사들이 고객의 피부를 분석하고 거기에 맞는 제품을 추천해주고 있었다. 따라서 살롱에 한번 왔던 여성들은 자신에게 필요한 제품이 무엇인지 잘 알고 있었으며 스스로 주문을 했다.

헬레나는 망카, 에드워드와 논의한 끝에 샌프란시스코의 이름난 백화점 '시티 오브 파리'에서 일단 제품판매를 시도해보기로 했다. 시티 오브 파리 백화점의 영업부에서는 이미 상당수의 루빈스타인 제품을 주문하고 그것들을 멋지게 전시할 것을 선언했다.

헬레나는 백화점에 전시된 자신의 제품을 보고 만족했다. 일과가 끝나면 망카와 함께 백화점 화장품 판매부의 책임자들을 교육했으며, 그들은 자신이 받은 교육내용을 다시금 부하직원에게 전달했다.

첫날은 헬레나와 망카도 매대 옆을 지켰다. 신문광고를 통해 샌프란시스코 전역에 널리 알려진 루빈스타인 자매는 센세이션을 일으켰고, 유통과 판매를 촉진시켰다. 그사이 어느새 50세 가까이 된 헬레나는 무엇보다 자기 자신이 하루에도 여러번 옷을 갈아입고 잘 가꾼 모습으로 나타나면, 그 자체만으로 여성들의 마음을 사로잡는다는 사실을 잘 알고 있었다. 그녀의 유럽풍 분위기는 자석과도 같이 미국 여성들을 끌어당겼던 것이다.

클리블랜드의 '홀 브라더'를 비롯하여 다른 백화점들도 루빈스타인의 제품을 판매하기 시작했다. 루빈스타인 자매는 아름다움을 내세우며 미국 전역을 순례했다.

"하루 24시간 중 18시간은 기차를 타고 이동하거나 강도 높은 일을 하는데 보냈다. 순회공연을 하는 배우들처럼 짐 싸기에 바빴다."

망카는 매우 어려운 자신만의 기교를 개발해 수년 간 사용했다. 그 기교는 훗날 헬레나의 조카인 말라 루빈스타인이 계승하게 된다.

그 시절 영화배우들은 새로운 미인의 전형으로 떠오르고

있었다. 메이크업은 여전히 그들에게만 허용된 일이었지만, 점점 더 많은 미국 여성들이 배우들을 따라하기 시작했다. 여기에 무성 영화배우 테다 바라 덕분에 헬레나의 사업은 더욱 번창하게 되었다.

본명이 테오도시아 굿맨인 여배우 테다 바라는, 폭스 사에서 미국 최초의 '팜므 파탈'인 섹스심벌로 키운 스타였다. 그러나 당시의 카메라로는 유난히 아름다운 그녀의 눈을 제대로 보여줄 수 없었다. 그러자 스튜디오 측은 헬레나에게 도움을 요청해 왔다. 헬레나는 이미 다양한 실험을 해왔던 덕분에 그들이 원하는 결과를 끌어낼 수 있었다.

헬레나는 테다 바라를 뱀프 스타일(vamp style, 미국영화에 나오는 여자 주인공의 전형. 섹시하고 고혹적이며 때로 차가운 분위기를 풍긴다 - 옮긴이)로 꾸몄다. 눈꺼풀에 살짝 색을 칠해 눈썹 아래까지 번지게 하고, 속눈썹은 어두운 색의 반죽으로 강조했다. 그 반죽은 뜨거운 조명을 받아도 녹아내리지 않아 대단한 센세이션을 불러일으켰다.

이렇게 해서 완성된 모습은 완벽 그 자체였다. 언론은 갈채와 더불어 홍보를 아끼지 않았으며, 헬레나는 어떤 여성이든 루빈스타인 제품을 사용하면 눈이 몰라보게 아름다워진다고 지칠 줄 모르고 강조했다. 이제 여성들의 화장대에는 기초 화장품과 파우더 옆에 아이섀도가 자리하게 되었다.

헬레나는 미국에서 사업이 번창하자, 두 아들을 명문 기숙학교에 보냈다. 1918년 11월 드디어 모두가 바라던 대로 전쟁이 끝났다. 그러나 헬레나의 머릿속에는 '지금 유럽은 어떨까? 크라카우의 부모님은 안녕하실까? 런던과 파리의 살롱은 어떻게 되었을까?' 하는 생각으로 가득 차 있었다.

엘리자베스 아덴

– 일에 몰두하고, 사랑에 빠져들다

1910년 '엘리자베스 아덴'이라는 회사와 살롱 '레드 도어'가 탄생했다. 플로렌스 나이팅게일 그레이엄은 32세였고, 사업을 시작한 지 불과 2년 만의 일이었다. 그녀는 플로렌스 나이팅게일이라는 이름이 자기가 내건 회사의 세련된 이미지와 어울리지 않는다고 생각했다. 그래서 비록 옛 동업자 엘리자베스 허바드와는 한때 다투기도 했지만, 그녀의 이름에서 엘리자베스를 땄다. 그 이름은 지금도 회사 유리창문에 쓰여 있다.

한편으로 빅토리아 여왕시대의 소설 『엘리자베스와 그녀의 독일 정원』에서 따온 것이라는 주장도 있다. 그리고 아덴이라는 성(姓)은 영국 시인 앨프리드 테니슨의 낭만주의 시 『이녹 아덴Enoch Arden』에서 따왔거나, 단순히 알파벳의 첫 글자 A로 시작하기 때문에 그것으로 정했다고도 한다. 어쨌든 플로렌스는 이 이름으로 성공을 거두었다.

그사이 건축업자로 성공한 오빠가 6,000달러를 그녀에게 빌려주었다. 그 당시 미국인의 연평균 수입이 700달러였다는 것을 감안했을 때 이것은 상당히 큰 액수였다. 엘리자베스는 이 돈을 살롱의 설비에 투자하고 상품원료를 구입하는 데 썼다.

살롱의 문은 붉은 야광으로 칠하고 벽에는 핑크빛 천을 붙여 분홍빛 공단으로 테를 둘렀으며, 가구는 프랑스 풍이나 베네치아 풍으로 했다. 도기 세면대, 테리천(목욕가운 등을 만드는 굵고 성긴 직물 – 옮긴이) 수건, 화장솔, 미용사 가운도 모두 분홍색으로 했다. 아덴이 분홍색을 이토록 좋아하면서 살롱 이름은 왜 ‘레드 도어’라고 했는지 알려지지 않았다. 아무튼 회사 이름과 마찬가지로 살롱 이름도 성공을 거두었다. 레드 도어는 오늘날에도 아덴의 심벌로 남아 있다.

엘리자베스는 몇달 지나지 않아 오빠 윌리엄의 돈을 갚을 수 있었다. 이는 자신의 성공을 증명하기 위해서이기도 했다. 살롱을 광고하는 데 엄청난 돈을 들었고, 그사이 직원도 2명이나 고용했으므로 사실상 수입은 여전히 보잘것 없었다. 때문에 엘리자베스는 살롱 영업을 마친 후에도 자신의 셋방에서 매니큐어 일을 해야 했다. 오로지 고객을 더 많이 유치해야 한다는 고민에 빠져 있던 엘리자베스는, 어느 날 갑자기 자신의 머리를 손질해주는 미용사 제시카 오글비와 클라라 오글비 자매에게 생각이 미쳤다. 이 자매의 큰언니 글래디스는 패션모자 가게를 운영하고 있었다. 엘리자베스는 이 세 자매와 공조하기로 결심했다.

오글비 세 자매는 이미 상당히 영리한 방법으로 서로 돕고 있었다. 글래디스는 자신의 가게에서 모자를 사는 사람에게 새로운 헤어스타일과 모발보호제를 권해주었고, 반대로 살롱의 자매들은 머리손질을 한 손님에게 모자가 아주 잘 어울리겠다며, 새 모자를 구입하도록 부추겼다. 엘리자베스는 여기에 요가, 펜싱, 텝 댄스 등으로 구성된 전신미용 프로그램을 추가로 도입하고자 했다. 엘리자베스는 자신의 살롱으로 옮기면 4명이 모두 경비를 절약할 수 있다며 세 자매를 설득했고, 그녀의 이러한 구상은 완벽하게 적중했다.

엘리자베스는 쉬지 않고 일했다. 살롱 영업이 끝난 후에는 실험실에 틀어박혀 새로운 제품을 연구했으며, 특히 립스틱과 부드러운 색조의 파우더 개발에 정성을 기울였다. 모든 새로운 제품을 자신이 먼저 써보면서 독특한 화장술을 개발해

나갔다. 그러자 머지않아 오글비 자매를 비롯한 모든 종업원들이 색조화장의 이점을 인정하게 되었고, 이어 고객들에게도 그것을 인정받게 되었다.

1914년 엘리자베스는 수도 워싱턴에 첫번째 지점을 개설하여 여동생 글래디스에게 운영을 맡겨 성공적으로 이끌었고, 머지않아 보스턴에 또 하나의 지점을 열었다. 그러는 사이 백화점들은 미용 상품이 높은 매출을 올린다는 사실을 깨닫게 되었다. 보스턴 서부 42번가의 '스턴 브라더스'는 아덴 상품을 진열하겠다고 제안한 첫번째 백화점이었으며, 바로 뒤이어 명품관 '본윗 텔러', 그리고 워싱턴과 보스턴의 백화점들이 가세했다.

이런 수요를 충족시키려면 공장을 늘여야 했고, 부품구입을 위한 자본도 더 많이 필요했다. 엘리자베스는 빚이 없고 매출도 좋았지만, 예비비를 축적해놓지는 못한 상태였다. 아덴은 거래은행의 한 직원에게 솔직하게 자신의 계획을 이야기하고 대출신청을 했다. 당시 남자들 사이에 유행하던 콧수염을 기른 친절하고 젊은 은행원 토머스 젠킨스 루이스는 아름다운 아덴에게 호감을 보였지만, 아덴은 그에게 별다른 느낌을 받지 못했다. 그녀의 관심사는 오로지 대출금뿐이었다.

그는 미스 아덴의 청을 들어주었고, 그녀는 기분 좋게 은행을 떠났으나, 그들이 곧 서로 다시 만나게 될 운명이라는 사실을 모르고 있었다.

1914년은 개인적으로 미스 그레이엄에서 그레이엄 부인으로 바뀌는 해이기도 하다. 엘리자베스는 평생 결혼을 두번 했지만, 처녀 때 성인 그레이엄을 그대로 사용했던 것이다. 사업상으로는 계속 미스 아덴으로 통했다. 루빈스타인이 마담으로, 로더가 미시즈 로더로 통했듯이.

1914년 아덴은 마침내 파리 여행길에 올랐다. 이미 세계대전의 전운이 감돌고 있었지만, 그녀는 이상하게도 그런 분위기를 거의 느끼지 못했다. 프랑스에 가서야 비로소 전쟁이 임박했음을 알아차리고, 하루에 네다섯 군데의 살롱을 돌아다녔다. 그사이 '살롱 드 보테 발라제'는 '매종 드 보테 헬레나 루빈스타인'으로 이름이 바뀌었다. 아덴은 이곳에 들렀음이 분명하나 그점을 극구 부인했다. 두 사람이 죽는 날까지 서로 한번도 만난 적이 없었다고 그녀는 주장했다.

엘리자베스 아덴은 파리의 상점들에서 여러 가지 향수와 아름다운 향수병에 매료되어 손에 넣을 수 있는 것은 모두 사들였다. 그녀는 평범한 여자들이 눈화장한 모습을 파리에서 처음 보았다. 당시 북미에서는 저속한 일에 종사하는 여자들만이 눈화장을 했던 것이다. 이런 모습에 그녀는 몹시 충격을 받았으나, 동시에 눈화장의 '표현 가능성'에 매료되어 자신이 본 메이크업 제품을 미국으로 사갔다. 그래서 그녀는 자신이 최초로 아이섀도와 마스카라를 미국에 도입한 사람이라고 주장했지만, 사실상 헬레나 루빈스타인이 먼저였다. 아덴은 한동안 유럽을 다니며 연구하고 싶었지만, 이 계획은 전쟁으로 무산되었다.

아덴은 셰르부르 또는 르아브르에서 출발하여 런던으로, 거기서 다시 뉴욕으로 가는 쿠나르드 라인 사의 호화여객선 루시타니아 호(1838년에 창립된 영국 선박회사 쿠나르드 라인이 만든 가장 빠른 호화 여객선 중 하나. 1915년 독일 잠수함의 포격으로 침몰되었다 - 옮긴이)의 표를 가까스로 구입했다.

그때는 갑판과 선실 사이에 중간 객실이 없어지고, 객실에도 냉방시설이 갖춰져 있었다. 약 400마르크의 일반실에는 침대가 4개 놓여 있었다. 엘리자베스는 자신의 넉넉지 못한 재정상태를 감안하여 분명 일반실을 골랐을 것이다.

그렇게 뉴욕으로 가는 선상에서, 그녀는 우연히 토머스 젠킨스 루이스를 다시 만나게 되었다. 식사 때 그와 같은 테이블에 앉게 된 것이다. 그를 어디서 봤는지 기억해내기까지 꽤 시간이 걸릴 정도로 엘리자베스는 토머스에게 관심이 없었다. 그런데 세상과 떨어져 대양을 항해하는 5일 간의 여행은 두 사람에게, 특히 엘리자베스에게 상대를 알고 장점을 발견하는 계기가 되었다. 두 사람은 줄곧 시간을 함께 보냈다. 엘리자베스가 파리에서의 경험과 쇼핑한 이야기, 뉴욕에서의 미래 계획 등에 대해 열정적으로 말할 때면, 루이스는 참을성 있게 귀 기울여주었다.

그녀는 사업상 서로 유익한 의견을 나눌 수 있다는 것과 기 댈 어깨가 있다는 사실이 얼마나 좋은지 깨닫게 되었다. 38세의 톰이 뛰어난 춤솜씨를 발휘한 것도 한몫했다. 그는 엘리자베스를 안고, 당시 유행하던 탱고나 폭스트롯을 추며 무대를 누볐다. 엘리자베스가 언제 이런 춤을 배웠는지는 알려지지 않았다.

항해 마지막 날 저녁, 톰은 엘리자베스에게 자신의 감정을 털어놓았지만, 36세가 되도록 남자를 한번도 사귀어본 적이 없는 그녀는, 갑작스런 고백에 몹시 당황하며 그의 기대에 전혀 다른 반응을 보였다. 자신은 나이가 많다느니, 어머니의 결혼생활이 불행했다느니, 결혼할 수 없는 온갖 이유를 늘어놓았던 것이다. 그녀의 반응에 자신감을 잃은 톰은 한발짝 물러설 수밖에 없었다. 뉴욕에서 그들은 헤어졌다.

엘리자베스는 다시 일에 매진했다. 오래전부터 그녀는 '생크림'처럼 가벼운 모양과 부드러운 촉감의 크림을 생산하려 애썼지만 성공하지 못한 상태였다. 아덴은 파리에서 구입한 수많은 제품에 대한 분석을 유명한 파크 데이비스 사에 의뢰했으나 거절당했다. 주문량이 너무 적다는 이유였다. 그런데 이것이 오히려 행운을 가져다주었다.

엘리자베스는 중소기업 스틸웰＆글레딩 사를 소개받았고, 회사의 공동소유주인 파비안 스완슨이 아덴의 요구를 모두 수락했던 것이다. 1915년 초 장기계약이 체결되었는데 양측 모두 대단히 만족스러워했다고 한다. 이때 아덴은 자신이 소망하는 크림에 대해 이야기했고, 스완슨은 최선을 다할 것을 약속했다.

어느 날 오후 드디어 스완슨이 자신의 창작품을 선보였다. 엘리자베스는 매우 기뻤다. 생크림 거품 같은 모양, 벨벳 같은 촉감, 가벼운 분 같은 향기, 메이크업 베이스로 바르기에 적당한 농도 등 자신이 생각한 크림 그대로였다. 그녀는 이 크림에 '베네치아 크림 아모레타'라는 이름을 붙였다.

스완슨에게 곧바로 다음 주문이 이어졌다. 가벼운 클린징 워터를 개발하라는 것이었는데, 이번에도 그녀의 까다로운 요구를 충족시켰다. 제품에는 '엘리자베스 아덴의 아데나 스킨 토닉'이라는 이름을 붙였다. 아덴의 목표는 모든 여성들이 자신의 이름을 입에 올리는 것이 아니라, 자신이 만든 제품을 얼굴에 바르는 것이었다. 바야흐로 그 목표에 도달하려는 순간이었다.

헬레나 루빈스타인이 파리에서 전쟁을 피해 미국으로 왔다는 소식은, 아덴이 사업에 박차를 가하도록 만들었다. 유럽풍의 고상한 분위기를 연상시키는 마담 루빈스타인은, 늘 좋은 평판으로 오스트레일리아와 유럽에서 이미 확고하게 자리를 잡은 터였다. 그녀는 멀지 않은 곳에 집을 하나 장만했고, 그것은 당연히 살롱으로 개축되었다. 이밖에도 『보그Vogue』지에 전면광고로 자신의 도착을 알렸으며, 살롱의 장점과 제품 효과를 선전했다.

여기에 엘리자베스는 자신의 살롱을 '세계에서 가장 크고 우아한 미용 살롱'이라고 광고하며 맞대응했다. 그리고는 헬레나에게 선수를 빼앗기지 않기 위해 뉴욕 5번가 673번지의 더 넓은 장소로 이사했다.

뉴욕 5번가의 도로 살롱Salon d'Oro(보물 살롱, Oro는 보물을 뜻하는 이탈리아 어 - 옮긴이)은 아마도 아덴이 황금빛 천장에 투자한 거액에 착안하여 붙여진 이름일 것이다. 여기에서도 당연히 주된 색깔은 분홍색이었다. 옛 살롱에는 제품 주입 시설을 설치하고 상품도 그곳에 보관했다. 새로운 도로 살롱에서는 전신 마사지도 제공했다.

그러던 어느 날 토머스 루이스의 전화 한통에 그녀는 바쁜 일손을 멈추었다. 루이스는 그들이 함께 탔던 루시타니아 호의 비극적인 침몰 소식을 전한 것이다. 그는 조심스럽게 초대 의사를 밝혔고. 엘리자베스는 이를 받아들였다. 함께 식사하면서 그들은 민간인 승객을 태우고 뉴욕에서 사우샘프턴으로 순항하던 여객선이 독일군 어뢰의 폭격을 받아 침몰했고, 그로 인해 1,195명의 희생자가 났다는 이야기를 나누었다. 두 사람은 서로에 대해서나 그들의 관계에 대해서는 한마디도 나누지 못했다.

그로부터 얼마 지나지 않아, 톰은 군복을 입고 그녀의 사무실에 나타나 자원입대 소식을 알렸다. 엘리자베스는 톰이 사전에 아무 말도 하지 않은 것에 대해 화를 내면서, 마침내 사랑을 고백했다.

톰이 언제 갑자기 유럽으로 파병될지 몰랐으므로 두 사람은 급히 결혼식을 올려야 했다. 그래서 낭만적인 분위기와는 거리가 먼 결혼식이 되어버렸다. 결혼식 당일 오후, 엘리자베스는 겨우 1시간 정도 시간을 내어 결혼식만 올리고는 다시 살롱으로 가 저녁 8시까지 일했던 것이다.

그날 저녁 톰은 엘리자베스를 세인트 레지스 호텔로 데려가 만찬을 들었고, 두 사람은 그리 탐탁치 않았지만 그곳에서 첫날밤을 보냈다. 미스 아덴이 관심을 쏟은 것은 오직 사업뿐이었다. 훗날 그녀는 경주마에도 관심을 보였다.

1916년 초 엘리자베스 아덴은 도로 살롱을 열었다. 헬레나 루빈스타인이 세인의 주목을 받는 가운데 대규모 살롱을 개업하기 불과 몇주 전이었다. 살롱 개업에 아덴은 그다지 많은 비용을 들이지 않았는데도, 각종 신문 잡지에서 많은 관심을 보였다.

아덴은 잠시 패션사업에 손을 댔지만 비용만 들이고 실패했다. 그녀의 제품은 대부분 푸른색이나 분홍색 원피스였는데, 각기 대비를 이루는 색깔의 리본을 달았다. 그녀는 이 옷을 파리의 고급 맞춤복 가격으로 팔고자 했다. 하지만 당시 여자들은 전쟁으로 값비싼 '파리 패션'을 포기해야 했다. 까다로운 고객들은 아덴이 선보인 옷에 눈길 한번 주지 않았다. 그녀는 무거운 마음으로 생산을 중지시켰다.

그즈음 만성적이던 엉덩이 염증이 바쁜 일과로 인해 재발했다. 통증이 그녀를 괴롭혔고, 의사가 처방한 약은 아무 소용이 없었다. 그러다 이웃의 요가 선생님을 만나고 나서야 비로소 통증을 완화시키는 방법을 알아냈다. 바로 신체단련 프로그램이었는데, 그녀는 이것을 살롱의 새로운 서비스 상품으로 활용했다. 당시로서는 획기적이었던 동양의 요가를 아덴이 사업에 이용할 줄 알았다.

1916년은 아덴이 창업기의 어려움을 극복한 해이기도 하다. 한때 동업했던 허바드 부인과, 아덴의 첫 고용주인 엘리노어 아데어는 살롱을 닫아야만 했다. 오글비 자매도 경쟁에서 살아남지 못했다. 그동안 엘리자베스는 아데어에게서 배운 마사지 외에도 헤어스타일에 관한 모든 것을 제공하고 있었다.

전쟁 후 그녀의 사업발전에 있어 남편 톰은 매우 중요한 역할을 해냈다. 그러나 1917년 4월 6일, 미국이 전쟁에 참여했고 엘리자베스는 할 수 없이 그를 보내야 했다. 톰은 유럽행 배에 몸을 실었다.

바다 건너 유럽에서 전쟁이 요동치는 동안, 뉴욕 5번가의 미용계 라이벌 아덴과 루빈스타인은 각자 칼을 갈고 있었다. 하지만 이는 돈만 들인 쓸데없는 대립과 소모전이 되고 말았다. 그동안 아덴과 루빈스타인 외에도 많은 기업이 등장하여 시장은 커질 대로 커져버린 것이다. 하지만 어쩌면 그녀들은 최고의 성과를 올리기 위하여 서로 경쟁이 필요했을지도 모른다. 이 라이벌전은 50년 넘게 지속되었고, 그럼으로써 상품의 질이 더욱 좋아져 전세계 모든 여성에게는 이득이 되었으니 말이다.

루빈스타인에 비해 아덴은 홈경기의 이점을 어느 정도 누리는 것 같았다. 아덴의 제품 매출이 루빈스타인의 매출보다 높았는데, 루빈스타인은 제품 생산보다 살롱 체인점 구축에 역점을 두었기 때문이었다. 루빈스타인은 1918년 뉴욕, 시카고, 샌프란시스코, 필라델피아, 뉴올리언즈, 도박의 도시 애틀랜틱시티 등의 살롱에 자신의 이름을 붙였고, 오스트레일리아, 런던, 파리에도 살롱을 열었다. 그렇다고 해서 루빈스타인이 신제품 개발을 잊은 것은 아니었다.

1915년과 1920년 사이, 드디어 엘리자베스 아덴은 화장품 제조업계에서 세계 최고의 자리에 올랐다. 1910년에 시작한 사업으로서 나쁜 성적이 아니었다. 1920년에 생산 품목이 108가지에 달했고 직원은 595명이나 되었다. 1925년 미국시장에서만 200만 달러의 매출을 올렸다. 여기에 외국의 매상과 뉴욕, 보스턴, 팜비치, 뉴포트, 워싱턴, 샌프란시스코 등의 살롱 매상이 더해졌다.

이처럼 엄청난 수익을 올리는 큰 시장에서 한몫 차지하려고 여러 회사들이 이 분야로 몰려들었지만, 그들은 아덴의 경쟁상대가 되지 못했다. 오히려 그녀에게 자신감만 더욱 북돋워주는 계기가 되었다. 도로시 그레이가 그런 경우였다. 한때 아덴의 직원이었던 그녀는 자신이 아덴의 동업자였으며, 아덴 회사의 크림은 자신이 개발한 제조법에 바탕을 둔 것이라고 태연하게 주장했다. 이에 엘리자베스는 진상을 밝히는 광고로 반격했다.

1918년 말 전쟁이 끝나자 토머스 루이스는 무사히 아내 곁으로 돌아왔다. 이제 곧 40줄에 접어드는 그는 다시 은행에서 일할 마음이 없었다. 당시 금주령이 시행되고 있었는데도, 그는 술과 권태에 빠지게 되었다. 일에 열심인 엘리자베스가 좋아할 리 없었다.

그런데 집안의 재정적 기반을 흔든 것은 단지 목청 높인 싸움만은 아니었다. 회계감사에 문제가 생겼을 때 두 사람에게 결정적인 순간이 온 것이다. 그때까지는 뉴욕 살롱의 지배인으로 일하던 이레네 델라니가 회계장부를 담당하고 있었지만, 회계 전문가인 톰은 앞으로 모든 지출에 대해 자기와 협의한다는 조건하에 아덴을 도와주겠다는 뜻을 밝혔다. 대신에 엘리자베스는 자신이 사장이고, 그는 직원임을 냉정하게 주지시켰다.

두 사람은 이러한 합의에 대해 나중에도 후회하지 않았다. 톰은 일에 열중했고 엘리자베스는 모든 사업에 대해 그와 의논했다. 이렇게 함으로써 엘리자베스는 남편을 관리할 수 있었다. 현명한 톰은 자신의 전문영역, 즉 재정과 생산에만 관여했다. 그는 자신의 사무실을 마련하고는, 아내의 영역인 살롱에는 거의 발을 들여놓지 않았다.

파비안 스완슨과 아주 가까워졌는데, 스완슨은 그사이 스틸웰 & 글레딩 회사의 지분을 팔고, 아덴의 회사에서 계속 일하고 있었다. 두 사람은 화장품 시장이 급속도로 팽창하리라는 것을 확신했으므로 당연히 이에 능동적으로 대처하고자 했다. 그러기 위해서는 직원이 더 필요했고, 아덴의 제품이 아직 보급되지 않은 시골을 돌아볼 필요가 있었다.

때마침 막내동생 글래디스가 나타났다. 그동안 그녀는 이혼을 하고 아들 존 바르나바를 데리고 다시 뉴욕으로 온 것이다. 처음 글래디스는 엘리자베스의 반대를 무릅쓰고 새로운 영업점을 개척하는 힘들고 어려운 길에 나섰다. 결국 엘리자베스도 시골 시장의 잠재력을 인정할 만큼, 그녀는 굳은 의지와 설득력으로 성공을 거두었고 주문량도 많아졌다. 톰은 글래디스에게 미국 전역을 돌아다니며 영업할 특판 전문가를 양성하라고 제안했다. 그리하여 최초로 미용사 출장부대가 탄생하게 되었다.

엘리자베스에게 토머스, 글래디스, 스완슨은 각각의 영역에서 반드시 필요한 사람들이었다. 사업은 그들을 하나로 묶어주었다

어느 날 엘리자베스는 늦었지만 이제라도 신혼여행을 가자고 제안해 톰을 놀라게 했다. 게다가 목적지는 유럽이었다. 영국으로 가는 배 안에서 톰은, 신혼여행이 사실상 엘리자베스에게 일을 뜻한다는 것, 다시 말해 유럽에서도 그녀는 경쟁자와 승패를 겨뤄볼 심산이라는 사실을 알아차렸다.

그녀는 글래디스와 함께 호화찬란한 일등 선실에 화장품 통과 팸플릿이 잔뜩 담긴 대형 화물을 풀었다. 톰이 셔플보드

(원반 밀어던지기 - 옮긴이), 테니스, 경마 등으로 한가한 시간을 즐기는 동안, 두 자매는 2박 3일의 항해기간 내내 선실에 틀어박혀 제품의 사용법을 연구했다.

하지만 런던에서는 그 누구도 제대로 아덴의 제품에 관심을 보이지 않았다. 런던의 화장품 진열대에는 이미 플로리스나 야들리 같은 영국제 상표가 확고히 자리를 차지하고 있었다. 물론 루빈스타인의 제품도 있었다.

엘리자베스는 간신히 해로즈(영국 최초의 대표적인 고급 백화점 - 옮긴이) 백화점에서 200달러가 조금 넘을 정도의 소량 주문을 받았다. 이때 백화점 화장품 판매부 책임자였던 에드워드 해슬램은 그녀에게 중요한 충고를 해주었다.

"영국을 대표하는 한 사람을 찾아내, 그를 통해 여성들로 하여금 아덴 제품이 좋다는 사실을 믿도록 하세요. 아마도 시골 여성에게까지 효과가 있을 겁니다. 런던에서 먼저 수요가 증가하면, 다른 백화점에서도 믿고 아덴 제품을 팔게 될 겁니다." 얼마 후 그의 말은 현실이 되었다.

한편 글래디스는 시장조사차 곧바로 파리에 있는 '갤러리 라파예트'로 갔다. 갤러리 라파예트는 프랑스에서 가장 큰 명품 백화점이었다. 사장 라울 메이어는 망설인 끝에 그녀 쪽에서 비용을 부담한다는 조건으로 백화점 안에 매대를 설치하도록 허락했다. 판매를 시작한 지 얼마되지 않아 놀라운 매출을 기록하자 사장은 몹시 놀라워했다.

글래디스는 곧바로 조수를 채용하고 리비에라, 엘사스, 가스코뉴, 브르타뉴를 향해 다시 여행길에 올랐다. 가는 곳마다 제품을 진열할 수 있었을 뿐 아니라, 물량이 달려 뉴욕에서 제때 보낼 수 없을 지경이 되었다. 마침내 글래디스는 창고를 빌렸고, 세느 강변의 네이에 작은 실험실을 마련했다. 그리고 파리에 자신이 거처할 작은 집을 구했다. 파리에 반해버린 그녀는 영원히 그곳에 머물렀다.

에스티 로더
– 어머니의 향기에 매료된 어린 시절

1985년 사생활 영역을 매우 중요시하는 로더 일가는 미시즈 로더에 대한 비공식 전기가 시판될 것이라는 소식을 듣고 충격받았다. 로더 일가가 취할 최선의 방어는 반격이었다. 그래서 공식적 전기 『에스티 성공기 Estée – A Success Story』를 바로 집필하여, 비공식 전기 『마술을 넘어서 Beyond the Magic』보다 먼저 서점에 진열했다.

에스티는 사생활을 이야기하는 것이 얼마나 어려운 일인가를 책 속에서 누누이 강조했다. 그런데 이 책에서 한가지는 절대로 말하지 않았다. 자신의 나이였다. 미스 아덴, 마담 루빈스타인과 마찬가지로 미시즈 로더도 나이를 중요하게 생각하지 않았다. "여자에게 쏟는 찬사는 미와 지성, 감성 때문이지 젊음 때문이 아니다."

그러나 로더는 젊음을 포기하지 않는 것을 중요하게 생각했던 것 같다. 지금까지도 그녀의 진짜 생년월일은 가족만이 알고 있다. 이런 까닭에 현재는 로더그룹의 회장인 아들 레너드 역시 자신의 나이를 곧이곧대로 알려줄 수가 없었다. 그는 말했다. "인터뷰할 때마다, 어머니는 제 나이를 다르게 말씀하시죠. 그래서 이번주에는 제가 몇 살인지 먼저 물어봐야 한답니다."

에스티가 1908년 6월 1일에 태어났다는 설이 일반적으로 알려진 사실이다. 이때는 훗날의 경쟁자가 되는 두 사람, 즉 헬레나 루빈스타인과 엘리자베스 아덴이 미용산업에서 이미 기반을 잡은 시기이다.

그 시대에 흔히 그랬듯 에스티도 집에서 태어났다. 뉴욕 변두리 퀸즈의 작고 한적한 거리 코로나 가에 그녀의 집이 있었다. 헝가리 사람인 어머니 로즈 쇼츠는, 자신이 좋아하며 따르는 이모 이름을 따서 그녀에게 에스티Esty라는 이름을 지어주었고, 그대로 신고했다. 하지만 미국의 호적사무소에는 없는 이름이었으므로, 사무소 직원은 에스더Esther로 바꾸어 기재했다. 그리고 학교에 들어가서는 아버지가 너무 세게 발음한 탓에 에스티Estee가 되었다. 그후 프랑스 식을 좋아하던 한 여선생에 의해 E에다 악상을 주게 된 것이다.

아버지와 헤어진 어머니 로즈는 6명의 아이들, 즉 5남 1녀를 데리고 10세 연하인 막스 멘처와 재혼했다. 체코 기병이었던 그는 항상 우아한 옷차림을 했고 땅을 사들이는 것을 좋아했다. 에스티는 새아버지에게서 땅을 물려받았다고 말했다. 물론 그녀는 훗날 그 땅에 건물을 지었다.

막스 멘처는 우아한 옷만 몇 트렁크씩 챙겨 미국으로 갔지만 직업은 포기해야 했다. 영어를 잘 몰랐기에 적응하기 더욱 어려웠던 것이다. 중간에 잠시 재단사로 일했지만 성공하지 못했다. 마침내 그는 가지고 온 저금을 보태서 코로나 가에 있는 철물점을 구입했다. 또한 막스는 퀸즈에 있는 건설회사들에 필요한 물건을 조달하는 대신, 토지에 대한 귀중한 정보를 얻었다.

초기에 그가 사들인 땅 가운데 뉴저지의 묘지도 있었다. 나무와 꽃이 가득하고 언제나 인적이 드문 그곳에서, 에스티는 즐거운 유년시절을 보냈다. 아버지는 그곳에 말과 마차를 매어두고, 말이 달릴 수 있는 트랩도 만들어놓아 소풍 온 아이들이 한 바퀴씩 돌면서 즐거워하곤 했다.

어린 에스티가 최초로 꿈꾼 이상형의 미인은 루빈스타인과 마찬가지로 자신의 어머니였다. 그녀는 꿈을 꾸듯, 과거를 회상하며 이렇게 말했다. "내 최초의 기억은 어머니의 향기다. 어머니 주위에는 신선한 느낌이 감돌았고 어머니가 계시는 것만으로도 향기로웠다."

어머니의 긴 머리카락은 에스티를 사로잡았다. 머리빗을 손에 쥘 정도로 자라자 에스티는 어머니를 가만 내버려두지 않았다. 언니 르네도, 올케 파니도 에스티가 머리를 빗겨준다고 하면 가만히 있어야 했다. 그리고 두 사람의 얼굴에 어머니의 크림을 뭉개놓곤 했다.

에스티의 그런 행동은 아버지를 화나게 만들었다. 그때마다 아버지는 "다른 사람의 얼굴에 장난질 그만해라!"라고 호통치곤 하셨지만, 에스티는 아랑곳하지 않았다. 그녀는 예쁜 옷 못지않게 피부에 닿는 고급스러운 소재의 촉감을 좋아했다. 아름다운 옷과 고운 촉감에 대한 애착은 일생 동안 그녀와 함께 했다.

1차세계대전 직전, 드디어 운명의 날이 왔다. 젊은 에스티는 그것을 바로 알아챘다. 어머니의 오빠, 그러니까 외삼촌 존 쇼츠가 유럽에서 자행되던 유대인 학살을 피해 에스티 집에서 기거하게 되었던 것이다. 에스티는 안경을 낀 매력적이며 침착한 외삼촌이 좋았다. 그런 외삼촌이 피부전문가라는 말을 들었을 때는 더욱 좋았다.

에스티는 외삼촌이 비법을 써서 크림을 만들어내고, 그것을 작은 유리그릇에 담는 모습을 황홀하게 지켜보았다. 가스불 위에서 재료들이 섞이고, 그것들이 눈 같은 크림으로 바뀌는 모양을 곁에서 보고 배웠다. 존 삼촌은 에스티가 자신의 소망과 꿈을 말할 때면 진지하게 들어주었다. 집 뒤에 있는 작은 마구간에서 두 사람은 실험을 하기 시작했다. 이 시기에 화장품과 의학은 동맹자였다.

당시는 온천장이 최대 유행이었다. 어머니는 유럽 도처의 온천장을 찾아다니곤 하셨는데, 그 가운데 독일의 칼스바트와 바덴바덴도 있었다. 나중에 어머니는 에스티를 사라토가 온천으로 데리고 갔는데, 그녀는 증기 목욕탕과 두툼하고 보들보들한 수건이 매우 신기했다.

크림에서 나는 냄새는, 에스티의 표현에 의하면 '천상의 향기'였다. 특히 어머니의 크림 냄새가 그랬다. 어머니는 그 크림을 신비스럽게 '비법'이라고만 불렀다. 유럽에서 온 비법이라고.

미국에서 어머니의 발음이 독일어를 연상시켰기 때문에, 에스티는 한때 친구들로부터 따돌림을 당하기도 했다. 1차세

계대전 때 독일은 미국의 적국이었으니까. 아버지는 어머니
보다 영어를 잘했지만, 두 사람 모두 유럽인 티를 감출 수는
없었다. 에스티가 원한 것은 오직 하나였다. 100퍼센트 미국
인이 되는 것이었다.

쇼트 커트를 하고, 짧은 스커트를 입다

여성들의 반란

20세기에 일어난 변화 가운데 그야말로 획기적인 일은 여성들이 머리칼을 짧게 자른 사건이었다. 여성들은 길게 땋아 늘어뜨렸던 머리칼을 자르고 더 이상 가발도 사용하지 않았다. 그러니 머리를 부풀려 보이기 위해 머리카락 밑에 넣던 쿠션이나 틀어올린 머리를 고정시키는 매듭도 동시에 사라졌다.

짧은 헤어스타일은 전세계에 급속도로 퍼져나가 젊은 여성은 물론이고 나이든 여성까지 나이에 상관없이 유행했다. 이 헤어스타일은 젊은 사람과 나이든 사람이 거의 구별되지 않을 정도로 여자들을 더욱 젊어보이게 했다. 여배우들 사이에서 대유행이 되었으며, 몇몇 배우들은 서로 자기가 '최초'였다고 주장했다.

이를테면 스웨덴의 여배우 아스타 닐센은 자신이 출연한

영화에서 햄릿 역을 맡으면서 세계 최초로 머리를 짧게 잘랐다고 말했다. 미국 여배우 루이스 브룩스는 프리츠 랑의 영화 〈판도라의 상자〉에서 아기 흡혈귀 룰루 역으로 나오면서, 자신이 최초로 머리를 잘랐다고 주장했다.

또한 코코 샤넬은 고데기로 머리를 말다 잘못하여 태우게 되었는데, 그 김에 그냥 잘라버렸다. 그날 저녁 그녀는 쇼트커트한 머리 모양으로 오페라 극장에 나타났다. 그러나 1950년대 초에 방영된 어느 텔레비전 인터뷰에서 그녀는 "긴 머리칼이 귀찮아서 조금 잘라 보았는데, 훨씬 예뻐 보여 아예 쇼트커트를 해버렸다"라고 말했다.

한편 도덕론자들은 짧은 머리칼을 공격하는 데 열을 올렸다. 그들은 국가적 품위의 실추라느니, 어차피 망할 미국주의에 대한 신봉이라느니 하는 말로 격렬하게 비난했다.

1925년경에는 머리칼에 열을 가해 웨이브를 만드는 기술이 개발되었다. 그때부터 여자들은 쇼트커트한 머리칼에 웨이브를 주기 시작했다. 특히 정찬모임이나 파티에 갈 때는 너도나도 웨이브 머리를 했다. 새로운 기술로 만든 웨이브는 오래 유지되고 날씨에도 구애받지 않았다.

이 기술은 찰스 네슬이라는 독일계 미국인 미용사가 1차세계대전 이전에 개발하여, 1920년경에 더욱 발전시켰다. 찰스 네슬의 본명은 칼 네슬러였다. 네슬러는 고데의 원리를 바탕으로 전기, 혹은 드물지만 가스나 증기로 작동하는 파마 기계를 제작했다. 그러나 머리칼에 열만 가한다고 웨이브가 오래 유지되는 것은 아니었다. 그러기 위해서는 특수 화학물질인 파마액을 발라야 했다.

1927년판 『여성의 새로운 복장과 여성문화』에 실린 광고를 보면, 오늘날 우리가 새롭다고 선전하는 것이 결코 새로운 것은 아니라는 사실을 알 수 있다.

"흰 머리, 이제 염색할 필요 없습니다. 머리손질이라면 '엔트루팔'입니다. 엔트루팔을 두피에 가볍게 마사지하듯 발라주면 모공에 색소가 공급되어 흰머리가 서서히 그리고 눈에 띄지 않게 검은 색을 되찾게 됩니다. 엔트루팔을 써보신 많은 분들이 놀라운 효과를 보았다는 글을 보내주셨습니다. 엔트루팔은 하얗게 센 머리에도 기적을 일으킵니다."

패션계에서는 몸매를 강조하는 짧은 스커트가 유행했다. 여자들은 날씬한 몸매를 가꾸기 위해 운동으로 단련하고자 했기에 운동은 무슨 종목이든 붐을 일으켰다. 의사와 피부전문가들은 이런 현상을 환영했다.

『여성의 새로운 복장과 여성문화』는 1910년 칼스루에에서 처음 발간되었는데, 칼프 밀러 박사는 지면을 통해 다음과 같은 주장을 피력했다.

"진정한 미용관리란 거의 모든 점에서 건강관리와 같다. 나이가 들어도 탄력 있고 매끄러우며, 맑고 혈색 좋은 피부를 유지하고 싶다면 건강한 생활습관을 들이는 것이 좋다. 과도한 영양섭취는 피부의 적이므로, 영양소를 고르게 섭취해야 하며, 규칙적인 식사와 충분한 수면을 취해야 한다. 매일매일 운동을 하면 피부근육에 탄력이 생긴다. 이러한 운동의 효과는 '게으름뱅이 체조'라고 할 수 있는 마사지에 비할 바가 못 된다."

날씬하지 못한 여성을 위해 기존의 코르셋보다 더욱 부드럽고 신축성 있는 제품이 나왔다. 신소재 코르셋은 형태가 자연스럽고 숨쉬기에도 편했다. 짧은 스커트에 몸에 꼭 맞는 정장이나 무릎선으로 올라오는 원피스는 호리호리한 실루엣을 강조했다.

스커트의 길이가 짧아지자, 이제 남자들의 시선은 여성의 다리에 집중되었다. 짧은 머리와 짧은 스커트는 단순히 패션 취향일 뿐만 아니라, 남자들과 평등해지고자 하는 여성들의 희망을 나타낸 것이었다. 당시에 이런 여자들을 일컬어 갸르송(프랑스 어로 소년이라는 뜻 - 옮긴이)이라 했는데, 이 표현을 처음 사용한 사람은 분명 남자였을 것이다. 쇼트커트와 짧아진 스커트는 이러한 시대정신을 나타내는 동시에, 편리하고 편안한 차림을 하고픈 욕구를 충족시켜준, 건강하고 자연스러운 생활감각의 승리였다.

독일에서는 바이에른 주 로젠하임 출신의 재단사 요한 클레퍼가 고무를 섞어 직조한 천으로 남녀 공용의 우비를 개발했다. 이 우비는 그의 이름을 따서 '클레퍼 코트'라고 불렀다. 몸의 윤곽을 살린 수영복이 등장했고, 일광욕은 마치 의식과도 같이 중요시되었으며, 갈색으로 그을린 피부가 인기였다. 미용업계로서는 환영할 만한 현상이었다. 바람이나 물, 햇빛에 의한 피부와 두발의 손상을 막기 위해서는 집중적인 관리가 필요할 터였다.

이 시대 성인들은 육체의 자유를 추구하는 문화에서 그들의 자유정신을 표현했다. 여성지에는 누드사진이 실리고, 사람들은 자유연애를 추구했다.

이때 새로 나온 향수들의 이름에는 함축적인 의미가 담겨 있었다. 이를테면 '마이 신(내 죄, 랑벵)' '아무르, 아무르(사랑, 파투)' '당 라 뉘(밤에, 워스)' '랑페르뒤(잃어버린 영혼, 랑뱅)' '아듀 사제스(지식여 안녕, 파투)' 등이었다.

폴 푸아레가 1909년에 개발한 '로진느'는 디자이너가 개발한 최초의 향수였다. 푸아레는 이 향수에 자기 딸의 이름을 붙였다. 그러나 1921년 코코 샤넬이 개발한 '샤넬 넘버 파이브'는 대중의 인기를 한몸에 받았을 뿐 아니라, 엄청난 판매고를 기록했다.

샤넬 넘버 파이브는 향수의 대명사로서 지금까지 지속적인 사랑을 받고 있다. 코코 샤넬은 자기 향수에 거창한 이름을 붙이지 않았다. 조향사 에르네스트 보가 맡아보라면서 내민 5번째 향수라는 단순한 이유였다.

같은 해 독일에서도 '토스카'라고 하는 대표적인 향수가 탄생하였다. 제조회사 '4711'은 '토스카'를 '애정의 향기'라고 선전했다. 그러나 1927년에 패션 디자이너 잔느 랑뱅이 개발한 '아르페지오'는 기존의 향수들을 모두 능가했다. 은은한 향기의 이 제품은 밤을 상징하는 검은색 유리병에 담아 시판되었다.

부자들은 패션, 문화 그리고 스포츠에 대해 광범위한 정보를 원했다. 1922년 이들을 위한 잡지인, 남녀 모두를 대상으로 한 『스타일』이 발행되었다. 『스타일』은 비용을 많이 들인 고급잡지로, "패션 및 아름다운 생활을 추구하는 잡지로서, 정부등록 독일 패션업연합회 소속 업체들로부터 특별 지원을 받았다"라고 선전했다. 그 아래로 업체들의 이름이 나열되었는데, 오늘날에는 모두 잊혀진 이름들이다.

좋은 품질의 수제 종이에 멋진 활자와 컬러 인쇄를 사용한 이 고급잡지는, 처음에 75마르크에서 시작하여 다음 호는 100마르크, 그 다음 호는 150마르크로 올랐다. 그리고 1년 후에 폐간되었다.

남성들은 이제 어머니와 주부로 대표되던 전통적인 여성상을 버려야 했다. 점점 더 많은 여성들이 직업전선에 진출했고, 경제적으로 독립하고자 했다. 그 기반은 전시에 이미 닦아놓은 상태였다.

1920년대 중반에는 벌써 노동인구 전체의 36퍼센트를 여성이 차지했다. 그녀들은 퇴근 후의 시간을 즐겼다. 술 달린 스커트를 입고 찰스턴 Charleston, 미국에서 탄생한 대중적인 춤의 한 가지 – 옮긴이)을 추고, 얼굴에는 피부색 분을 바르고 빨갛게 칠한 입술로 담배를 피웠다. 메이크업이 일반화되었고, 립스틱은 늘 가지고 다니는 필수품이었다.

1925년에 미국 여성들이 미용에 들인 비용은 6백만 달러
에 달했다.『뉴욕 타임스』에 따르면, 미국의 화장품 산업은
1927년에 20억 달러의 매출을 올렸다.

헬레나 루빈스타인
– 일과 사랑의 기로에서

헬레나는 뉴욕에 계속 머물 이유가 없었으므로, 1920년에 에드워드와 함께 파리로 갔다. 두 사람은 긴 여로를 마치 휴가처럼 즐겼다. 헬레나는 배에서 읽은 프랑스 신문에서 파리의 생 오노레 외곽에 있는 고택을 판다는 광고를 보았다. 그날 저녁 헬레나는 전보를 쳐서 5층 건물의 그 집을 바로 구입했다. 여동생 파울리나가 벌써 여러 차례 가게가 비좁다고 불평했던 터였다.

그런데 파울리나의 답장은 헬레나를 충격에 떨게 하였다. 엘리자베스 아덴이 새롭게 산 집에서 몇집 건너 225번지에다 살롱을 열었다는 것이다.

얼마 후 헬레나는 파리에 도착했다. 파리는 전쟁의 참화를 겪은 후 더욱더 활기를 띠고 있었다. 헬레나는 곧바로 새로운 살롱 준비작업에 착수했고, 에드워드는 다시금 출판작업에 몰두하였다.

에드워드의 희망대로 라스펠 가 216번지에 새 아파트를 지었다. 1층은 300명을 수용하는 공연장으로 쓸 계획이었다. 에드워드는 이 공연장을 자신이 후원하는 젊은 작가들의 작품을 선보일 장소로 제공하고 싶었다. 그러나 이 공연장은 오래 가지 못했다. 풍기단속반이나 시 당국의 눈에는 초청인사들에게만 관람을 허용하는 아방가르드 연극이 지나치게 도발적이고, 정치색을 띠는 것으로 보였던 것이다.

에드워드는 이 공연장에 '미국식 소극장'이라는 이름을 붙였는데, 결국 어느 기업가에게 임대하고 말았다. 소극장은 영화관으로 개조되었다. 새 집을 아늑하게 꾸미기 위해 헬레나는 쇼핑에 열을 올렸다. 고전적인 가구와 잘 어울리는 유화와 조각품을 구입하기 위해서였다. 미술품을 고를 때 그녀는 당시 골동품상을 운영하고 있던 크리스찬 디오르라고 하는 젊은이의 도움을 받았다.

헬레나는 자신이 독점하다시피 한 시장을 '그 여자'에게 뺏기지 않기 위해, 사교계에서 자신의 이미지를 부각시키고자 했다. '그 여자'란 아덴을 가리키는 말이다. 헬레나는 아덴을 이렇게 불렀다. 헬레나는 중요한 파티에는 모두 참석했고 스스로 많은 사람을 초대해 리셉션을 열기도 했다.

샤갈과 같이 당시 아직 이름이 알려지지 않았던 젊은 예술가들은 헬레나와 에드워드 부부의 집에서 서로를 알게 되었다. 샤갈은 종종 조르주 브라크나 라울 뒤피를 루빈스타인 집에 데리고 왔다.

폴란드 출신 화가 마르쿠시는 헬레나와 함께 여러 전시회에 다니면서 그녀의 미술감각을 키워주었다. 미술품을 고를 때 헬레나는 자신의 직감에 의존했다.

그러면서, "내 컬렉션에는 걸작과 졸작이 뒤섞여 있다"라고 스스로 말하기도 했다. 헬레나는 자신이 잘못 고른 작품을 지하실과 장롱 속에 숨겼다. 그녀의 컬렉션 가운데 일부는 이스라엘 텔아비브에 있는 헬레나 루빈스타인 전시관에 소장되어 있다.

예술가와 디자이너가 공조한다면, 패션만한 대중적인 예술은 없다. 카롤 만은 자신의 책『파리, 1920년대와 30년대 예술가의 삶』에서 당시의 상황을 다음과 같이 묘사했다.

"지금까지 의복은 때와 장소에 맞는 분위기를 표현하는 수단이었을 뿐만 아니라 기발한 형태로 부와 야망을 과시하기도 했다. 물론 이런 점은 변하지 않았지만, 이제 그런 기능이

의생활의 미니멀리즘으로 표현되었다. 랑뱅의 포스트큐비즘 소재와 토속적인 자수, 샤파렐리의 손뜨개, 샤넬의 점잖은 캐시미어 의상은 모두 엄청난 고가품이며, 이러한 의상을 걸친 여성은 그 의상을 디자인한 사람만큼이나 문화적으로 혁신적인 사람으로 보였다.

특히 짧은 머리의 날씬한 여성이 이런 의상을 입고, 또 헬레나 루빈스타인에서 나온 갈색 파운데이션 '집시'를 얼굴에 바르고, 가늘고 길게 그린 눈썹을 하고 있으면 더욱더 그러해 보였다. 이는 모딜리아니와 나탈리 팰리(러시아 로마노프 대공의 딸. 영화배우, 패션모델 - 옮긴이), 이본느 프렝탕(프랑스 배우 - 옮긴이)을 혼합한 듯한 모습이다.

패션계는 동유럽의 몰락한 왕가의 공주들에게 새로 제작한 의상을 입혀 시연회, 전시회 오프닝, 경륜장 등에서 선보였다. 사람들은 이들 공주 모델을 '움직이는 마네킹'이라 불렀다. 파리의 패션쇼는 그야말로 장관을 연출했다."

헬레나도 파티에 어울리는 옷을 마련하느라 애를 썼다. 헬레나의 의상을 담당해온 푸아레는 새로운 여성상으로 대표되는 '팜므 파탈'에 따라가지 못했다. 그의 작품은 과거에 머물러 있었던 것이다. 결국 푸아레는 자신의 거대한 회사건물을 무도회장으로 바꾸었고, 헬레나는 자신의 새로운 단골 디자이너로 마드모아젤 샤넬을 선택했다. 다행히 두 사람은 뜻이 잘 통했다.

헬레나는 코코 샤넬을 두고 "시간이 흐를수록 더욱 크게 성공할 몇 안 되는 여성 가운데 한 사람"이라고 극찬했다. 헬레나는 코코가 모자가게를 할 때부터 그녀를 알고 있었다. 사람들이 헬레나를 '마담'이라고 부르게 된 것도 코코에게서 비롯되었다고 한다.

어느 날 헬레나는 코코에게 여러 남자를 사귀었으면서 왜 결혼하지 않았느냐, 웨스트민스터 경과는 결혼할 법도 하지 않았느냐고 질문했다. 그러자 코코는 깜짝 놀라며 이렇게 대답했다. "천만에요. 저는 마드모아젤 샤넬로 남아 있을 거예요. 당신이 마담 루빈스타인으로 남게 되듯 말이죠. 그게 우리 각자에게 맞는 호칭입니다." 웨스트민스터 경은 정치적인 이유로, 다시 말해 윈스턴 처칠의 충고에 따라 코코 샤넬과의 결혼을 포기했었다.

마담 루빈스타인의 근검함은 마드모아젤 샤넬도 잘 알고 있었다. 샤넬은 헬레나가 사람을 데리고 와 의상실에 전시된 거의 모든 의상을 스케치하도록 시키고는, 그대로 옷을 맞춰 입는다는 사실을 눈치챘다. 헬레나는 태연하게 그 옷을 입고 코코 앞에 나타나는데, 그중에서도 특히 베끼기 어려운 디자인을 주로 선택했다고 한다. 물론 헬레나가 입기 위해서는 작은 키와 풍만한 상체에 맞춰 디자인을 고쳐야 했다.

젊은 날 날씬했던 그녀의 허리는 두리뭉실하게 변했다. 한동안 그녀도 다이어트, 마사지, 체조 등 자기만의 방식으로 체중조절을 시도했으나 모두 실패했다. 헬레나는 이 모든 일이 귀찮았고 거기에 쏟는 시간이 너무 아까웠다. 결국 그녀는 자신의 몸매에 만족하기로 했다.

헬레나의 남편 에드워드 티투스는 1921년에 영어판 문학지 『디스 쿼터This Quarter』를 발간했고, 이 잡지는 3년 동안 발행되었다. 그는 프랑스, 폴란드, 이탈리아 문학을 번역하여 국제적으로 유명해졌는데, 사실은 제임스 조이스, 어네스트 헤밍웨이, 윌리엄 포크너, D. H. 로렌스 등 젊은 영어권 작가들의 책을 출판한 사람으로 더 유명했다.

이 시절 에드워드는, 『율리시즈』와 『채털리 부인의 사랑』 원작 원고를 가지고 있었다. 이중 『채털리 부인의 사랑』은 1929년에 프랑스 어로 출판하였다. 출판사업에 필요한 돈은 대부분 헬레나에게서 나왔다. 따라서 헬레나는 남편의 작가 친구들을 그저 좋아할 리 없었지만, 남편의 뜻을 존중하여 계속 도왔다.

헬레나는 전세계에 퍼져 있는 자신의 살롱을 돌아보느라 집을 비울 때가 많았다. 한때는 대서양 횡단 최대기록을 보유할 정도로 헬레나에게는 사업이 최우선이었다. 그런 헬레나에 대해 에드워드의 불평은 늘어만 갔다.

그사이 루빈스타인 - 티투스 집안에서 부부싸움이 없었던 것은 아니다. 원인은 언제나 에드워드의 여자 문제였다. 헬레나는 1916년에 이미 에드워드와 가정부의 부적절한 관계로 이혼을 요구해 법적으로 관철시키고자 했다. 그러나 헬레나는 다시 에드워드에게 돌아왔다. 그녀는 남편에게 많은 것을 기대하지 않았다.

그보다 앞날의 계획과 일에 파묻혀 지냈다. 그 시기에 뉴욕 리먼 브라더스 은행이 헬레나의 기업을 매입하겠다는 제안을 해왔다. 전직원을 인수한다는 조건으로 730만 달러를 제시한 것이다. 헬레나는 망설였다.

이때 에드워드가 한 젊은 여자와 사랑에 빠졌다고 고백했다. 헬레나는 엄청난 충격과 상처를 입었지만, 이 사태의 주된 원인 제공자가 바로 자신이라는 사실을 인정해야 했다. 그녀는 "당시 내가 아내로서, 또 엄마로서 얼마나 형편없는 여자였는지, 시간이 한참 지나고 나서야 비로소 깨달았다"라고 술회한 바 있다.

헬레나는 남편 에드워드를 사랑했다. 그는 헬레나의 유일한 사랑이었으며 앞으로도 그럴 것이었다. 헬레나는 어떻게든 가정을 지키고 싶었고, 빠르게 결정을 내렸다. 그녀는 리먼 브라더스 은행의 제의를 받아들이고, 기업을 양도하기 위해 뉴욕으로 갔다. 회사를 정리하고 집으로 돌아왔지만, 에드워드는 이미 영원히 갈라서기로 결심한 상태였다. "헬레나, 당신은 결코 변하지 않을 거요. 당신은 오직 사업 때문에 사는 사람이오."

그 말은 맞는 말이었다. 사업은 헬레나가 결별의 상처를 딛고 일어설 수 있도록 도와준 약이 되었다. 그녀는 미국의 거래처 사람들을 통해 은행이 루빈스타인 사를 인수한 이후 매출이 줄었다는 소식을 접했다. 사실 그녀는 처음부터 과연 은행이 미용사업을 할 수 있을지 의심스러웠지만, 그때는 오직 가정에 충실해지고 에드워드와의 결혼생활을 유지하기 위한 일념으로 가득 차 있었다.

헬레나는 아무도 모르게 루빈스타인 사의 주식을 되사기

시작했고, 총지분의 1/3을 사들였다. 회사의 매출은 계속 줄어들었으며 따라서 주가도 폭락했다. 1929년에 대규모 증시 파동이 일어났다. 루빈스타인 사의 주식은 한주 당 60달러에서 3달러로 폭락했다.

결국 헬레나는 양도할 때 받은 금액의 몇분의 일만으로 그 회사를 다시 인수하고, 580만 달러의 이익을 얻었다. 당시의 증권사로서는 어마어마한 타격이었다. 헬레나는 회사를 되찾았고 넘치는 돈도 가지게 되었지만, 그녀는 어느 때보다 외로웠다.

엘리자베스 아덴

– 정신적 지주, 베시 마버리와의 인연

마침내 엘리자베스는 경쟁자인 루빈스타인에게 파리에서도 적극적으로 도전하고자 했다. 그녀는 여동생 글래디스에게 살롱을 열라고 부추긴 다음, 생 오노레 225번지에 적당한 장소를 구했고, 1920년 여름 출정을 위한 모든 준비를 끝냈다.

드디어 미스 아덴이 유럽에 상륙했다. 그녀의 살롱은 미국에서부터 광고를 잘한 덕분에 프랑스 언론의 집중적인 관심을 받으며 문을 열었다. 여기에는 전후 프랑스에 진출한 최초의 미국 기업이라는 이유도 있었다. 토머스 루이스는 만족했다. 준비는 완벽했고 타이밍도 맞아떨어졌다. 루이스는 아덴의 모든 살롱과 물류창고에 새로운 살롱 개업을 알렸다. 뉴욕과 유럽을 잇는 호화 여객선의 1등실 욕실에도 살롱 광고를 실은 장미빛 카드를 뿌렸다.

미국인들은 달러화의 높은 가치 덕분에 유명 패션과 같은 사치품도 파리에서는 절반값에 살 수 있었다. 미국 여성은 파리에 와서 맘껏 쇼핑을 하고 신나게 즐겼다.

하지만 외출을 하려면 머리끝에서 발끝까지 완벽한 연출이 필요했다. 아덴에 익숙한 미국 여성들은 그녀의 살롱을 찾아 관리를 맡겼다. 그러자 파리 여성들도 망설이지 않고 미국 여성을 따라했다.

살롱이 성공하자 톰은 파리 근교에 공장을 지었다. 이제 그 많은 제품을 미국에서 실어오느라 운임을 들이지 않아도 되었을 뿐만 아니라, 파리의 임금은 미국보다 낮았고, 원료도 저렴했으며 때론 품질까지 더 좋았다.

그로부터 얼마 지나지 않아 글래디스가 니스의 네그레스코 호텔에 살롱을 열었다. 그 호텔은 코트다쥐르 해변에 있는 유명 호텔로서, 풍요롭던 20세기 초에 부자 손님들을 대상으로 지은 것이었다.

루마니아 사람인 앙리 네그레스코가 호텔을 인수하면서 남긴 일화가 있다. 네그레스코는 금화 600프랑에 달하는 매입가를 50상팀짜리 동전으로 지불했는데, 자루에서 쏟아놓은 동전을 세던 보증인들이 돈을 세다 지쳐 중도에 포기하고, 그냥 네그레스코를 믿기로 했다는 것이다. 영국의 빅토리아 여왕을 비롯하여 호사를 즐기는 러시아의 왕족과 귀족들이 네그레스코 호텔에 투숙하기 시작했다. 이들은 기후가 따뜻한 니스에서 겨울을 보내기 위해 이곳을 자주 찾았다. 아마도 니스는 그 당시 유럽의 도시 가운데 언제라도 캐비어를 구할 수 있는 유일한 도시였을 것이다. 은막의 스타, 국가 원수 그리고 재계의 귀족들이 네그레스코 호텔의 '왕족 스위트룸'에 투숙하곤 했다.

얼마 후 엘리자베스는 파리의 살롱을 세배로 확장하게 되었다. 직원 충원이 시급했다. 글래디스는 몬테카를로에 지점을 내러 가기 전, 시간을 쪼개 직원들을 교육시켰다.

아덴은 영국 지점의 영업실적에 만족하기는 했지만, 그렇다고 루빈스타인이 시장을 독점하도록 내버려둘 수는 없었다. 그녀는 벤슨 보석상 맞은편의 본드 스트리트 25번지에 살롱을 내기에 적합한 장소를 구했다. 이 살롱은 그후 영국의 아덴 중심지로 오랫동안 명성을 유지했다.

하지만 글래디스가 영국의 살롱까지 맡을 수는 없었다. 영국 지점을 운영할 경영자를 구해야 했다. 이때 금세 떠오른 인물이 바로 해로즈 백화점의 에드워드 해슬램이었다. 해슬

램은 이에 대해 해로즈 백화점의 사장과 논의했다. 해로즈 백
화점 사장이 아덴 기업의 주주이기도 했으므로, 해슬램은 그
와의 관계를 유지하고 싶었던 것이다. 해슬램은 아덴의 제의
를 받아들였다.

얼마 후 엘리자베스의 남편이 도착했다. 톰은 영국에도 공
장을 짓자고 제안했고, 몇 블록 떨어지지 않은 곳에 있던 낡
은 마구간을 개조하기로 했다.

1922년에 거행된 살롱 개업식에서 해슬램은 금처럼 귀중
한 존재였다. 그는 해로즈 백화점 근무를 통해 런던에 거주하
는 국제적 유명인들과 기자들을 모두 알고 있었던 것이다. 성
공적인 기자회견에 이어 리셉션도 성황리에 이루어졌다. 미
국 대사 부처도 귀빈 자격으로 리셉션에 참가했다.

이에 앞서 톰은 대대적인 플래카드를 내걸어 엘리자베스
아덴과 그녀의 제품이 영국에 상륙했다는 사실을 선전했다.
살롱은 시작부터 대성공이었다.

그후 살롱과 공장은 점점 늘어, 1927년에는 독일에도 진출
했다. 아덴은 미용 분야의 미국 기업으로서는 최초로 독일에
진출하여 2차세계대전 전까지 독점적인 위치를 유지했다. 타
이밍이 좋았다. 1차세계대전이 끝나고 9년이 흘렀으므로 독

일 여성들은 다시 미용에 관심을 갖기 시작했다. 독일의 미용은 낙후되어 있었다. 독일 여성들은 영화든, 스타든, 나일론 스타킹이든 미국에서 들어오는 것이라면 무조건 열망하고 따라하고 싶어했다.

1927년 9월 27일, 엘리자베스는 함부르크에 총자산 3만 마르크의 회사를 건립하기로 결정했다. 아덴의 영국 대리인 에드워드 해슬램과 변호사 자격을 소지한 하인리히 브레메가 공동으로 경영을 맡았다. 11월 8일에는 엘리자베스 나이팅게일 루이스와 남편 토머스 외 두 사람이 추가로 경영자 등록을 했다. 1년 후 회사는 이유를 밝히지 않은 채 베를린으로 옮겼다. 회사의 공식 명칭은 아덴 유한회사였다.

제품창고와 살림집이 레네슈트라세 5번지에 있었는데, 1933년부터 부다페스트 슈트라세 20번지로 옮겼다. 사장은 영국의 아덴 대리인인 테디우스 예이츠로 되어 있었고, 실무는 안네마리 비니케가 책임졌다. 비니케라는 이름은 훗날 남편의 성을 따라 멘츠너로 바뀌었다. 총자산은 벌써 25만 마르크로 늘어났다. 초기 사업은 성공적이었으나 경제공황의 여파는 독일 또한 그냥 지나치지 않았다. 1930년부터 매출이 현저히 줄기 시작했다. 그래도 살롱은 유지되었다.

1928년에는 칸느와 마드리드에도 살롱을 열었다. 그사이 미스 아덴은 어찌어찌 하다보니 체조 레코드판을 제작했고, 캘리포니아에서는 영화도 만들었다.

미스 엘리자베스 마버리를 만나고부터 엘리자베스 아덴의 삶에는 획기적인 변화가 일어났다. 아덴과 이름이 같은 미스 마버리는 한때 작가로 활동했다. 아덴은 자신이 일요일마다 열던 티 파티에서 이 여인을 알게 되었다. 아덴의 일요일 티 파티는 유명했다. 그곳에서는 무슨 일이든 스스럼 없이 할 수 있었다. 다만 한가지 중요한 것은 손님이라면 무엇이든 장기를 보여주어야 했다. 집주인은 모든 분야의 유명인사를 초대해놓고 그들 사이에 일어나는 일을 보며 즐겼다.

두 여인이 친해지자 주변사람들은 몹시 놀랐다. 두 사람은 밤과 낮처럼 서로 달랐기 때문이다. 아덴은 보수적이고 교육을 받지 못했으며 예쁘고 작고 잘 가꾼 모습을 한 반면, 마버리는 진보적이고 대단히 지적이었으며 목발을 짚고 다닐 만큼 뚱뚱했다.

마거릿 앨런은 자신의 책『꿈을 파는 회사Selling Dreams』에서 두 사람에 대해 이렇게 말했다. "아덴은 승마를 제외하면 취미도 없었고, 친구도 별로 없었다. 몇 안 되는 친구 가운데 한 사람이 엘리자베스 마버리였는데, 흔히 베시라고 불렀다. 베시는 대중에게 잘 알려진 인물이었다. 아덴과 이름이 같은 베시는 몸집이 무지하게 컸고, 비난의 대상이던 레즈비언 그룹의 대표적인 인물이었다. 미스 아덴이 레즈비언 성향이 있었는지는 알려지지 않았다. 주위사람들은 아덴이 이들 그룹과 어울리는 것을 의아해했다. 일반적인 견해에 따르면, 아덴은 섹스에 전혀 관심이 없었다. 아무튼 미스 아덴은 미스 마버리를 매우 좋아했고, 마버리가 세상을 떠나자 가슴 깊이 애도했다."

아덴이 섹스에 관심이 없었던 이유는 원래 레즈비언 성향이 강하게 잠재해 있었기 때문일지도 모른다. 그녀 주변에는 언제나 예쁜 여자가 많았고, 아덴은 그들을 부러워했다. 그녀는 자상하고 예쁘게 생긴 남자에게 호감을 가졌지만, 그때도 섹스에는 관심이 없었다. 미국판 『보그』의 편집장이었던 캐멀 스노우는 이에 대해 "미스 아덴은 자기 자신과 레즈비언 관계를 맺고 있었다."라고 분석하기도 했다.

20세기 초, 베시 마버리는 문필가 에이전트로 일하면서, 조지 버나드 쇼, 오스카 와일드, 제임스 배리, 서머셋 몸 등의 작가들과 교류했다. 그녀는 남은 생애 동안 그 일에 매진했다. 또한 베시는 독특한 방법으로 아덴의 에이전트이자 스폰서가 되었고, 친구이자 조언자 역할도 계속했다. 아덴은 다른 사람의 의견에 따르는 경우가 거의 없었고, 아덴에게 '안 된다'는 말을 할 수 있는 사람도 별로 없었지만, 베시는 언제나 예외였다.

아덴은 베시의 안내로 예술가들과 교류하고 예술도 접하게 되었다. 그러자 자연스럽게 여자 예술가들과 주로 어울리게 되었다. 그 가운데에는 미국 화가 조지아 오키프와, 프랑스 화가 마리 로랑생도 있었다. 마리 로랑생은 헬레나 루빈스타인의 초상화를 그리기도 했다. 루빈스타인은 웨일즈 출신의 남성 화가 오거스터스 존에게도 초상화를 의뢰했었다. 그 그림에서 루빈스타인은 엘리자베스 아덴의 오랜 친구 찰스 제임스가 디자인한 원피스를 입고 있다.

이들은 모두 베시의 친구들이었다. 또 세실 비튼(패션사진작가 - 옮긴이)도 알게 되었다. 베시는 엘리자베스를 부추겨 세실 앞에서 포즈를 취하게 했다. 그러나 자신의 모습이 마음에 들지 않은 그녀는 1차로 현상한 사진을 찢어버렸다. 엘리자베스는 훗날 그 사진을 우편엽서로 사용했다.

베시를 통해 엘리자베스는 자선사업에도 손을 댔다. 이 사업에서도 다른 일과 마찬가지로 철저함을 과시했다. 자선사업을 통해 그녀는 '진실한' 사람들을 만나게 된다는 사실을 깨달았다.

메인에 있는 아덴의 집도 베시 덕분에 마련한 것이었다. 베시의 집은 메인의 마운트 버넌 산 근처 아름다운 벨그레이드 호숫가에 있었다. 베시는 주말에 루이스 부부를 자기 집으로 초대했다. 엘리자베스는 마을의 아름다운 풍경에 마음을 빼앗겼다. 베시는 이웃의 대지를 가리키면서, 호수 바로 옆에 자리잡은 300 헥타르에 달하는 저택이 '명당'이었는데, 본채에 불이 난 후부터 사람이 살지 않는다고 귀띔했고, 엘리자베스는 조금의 망설임도 없이 그곳을 구입하기로 결정했다. 부동산 중개인과의 매매계약, 건축가, 건축회사, 조경회사와의 계약은 모두 베시가 처리해주었다.

인테리어 담당으로 역시 마버리의 친구인 시카고 출신의 루 카펜터가 합세했다. 루 카펜터는 미스 아덴의 마음을 사로잡았다. 아덴은 카펜터를 흠모했고, 그녀를 통해 '요람'도 짓게 되었다. 요람이란 바람의 도시 시카고에 지은 고아원으로, 아덴이 애정을 기울인 자선사업이었다. 지금까지의 태도와 달리, 아덴은 고아원 건립 때 준비단계에서 건축에 이르기까지 거의 관여하지 않았다. 후원자로서, 그리고 주말마다 찾아가는 방문자로서의 역할만으로 그녀는 만족했다. 미스 마버리는 이런 말을 해주었다. "네가 부자 친구를 사귈수록, 그들은 네게서 더 많은 것을 요구해."

남편 톰은 그들의 새로 지은 집에 '메인 찬스'라는 이름을 붙였다.

1929년 미스 아덴은 성공가도를 달렸다. 그녀의 재산은 수백만 달러에 달했고, 세계적인 유명인사가 되었다. 프랑스에서는 글래디스가, 영국에서는 에드워드 해슬램이 철저하게 경영한 덕분에, 톰이 경영하고 있는 미국시장만큼이나 큰 매출을 올렸다.

엘리자베스는 50줄이 넘어서도 여전히 30대 후반처럼 보였다. 그들 부부는 수많은 파티에 초대받았고, 그들 또한 자주 파티를 열었다. 파티는 늘 성황을 이루었다.

1929년 아덴에게 처음으로 회사를 매각하라는 제안이 들어왔다. 무려 1,500만 달러였다. 톰은 제안을 받아들이라고 부추겼다. 그도 이제 일선에서 물러나 생을 즐기고 싶었던 것이다. 톰에게는 그것이 자유를 뜻했지만, 엘리자베스는 선뜻 결정내릴 수 없었다. 자신에게서 사업을 빼면 무엇이 남겠는가? 아덴은 톰의 권유를 거부했고, 매각하기는커녕 회사를 확장하는 일에 더욱 열을 올렸다.

　로스앤젤레스, 팜 스프링스, 마이애미 비치와 4개 백화점 내의 살롱은 1929년부터 생기기 시작한 것이다. 그리고 향후 10년 동안 그녀는 새로운 시장을 개척하는데 몰입했다.

에스티 로더

– 영원한 동반자, 조셉을 만나다

에스티가 루빈스타인이나 아덴과 경쟁할 만큼 성장하기 전, 그녀는 세계적으로 성공한 두 사람의 이야기를 분명 들었을 것이다.

에스티는 학교수업이 끝나면 제일 먼저 삼촌의 실험실을 찾았다. 그곳에서 개발한 크림을 얼굴에 바르면 별의별 얼굴을 다 만들 수 있었다. 그녀는 신기해 하는 학교 친구들에게 크림을 조금씩 나누어주었다. 이 놀라운 크림에 그녀는 '슈퍼리치 다용도 크림' 이라는 이름을 붙이기도 했다. 그리고 마음속으로 이미 결심했다.

그러던 어느 날, 에스티의 인생에 운명의 상대가 나타났다. 처음 에스티는 그를 의식하고 있었지만 무시해버렸다. 그녀는 "그때 나는 데이트는커녕 남자에 대한 이야기도 꺼낼 줄 몰랐다"라고 말했다.

어느 날 에스티가 새 여름 별장의 베란다에서 그네를 타고 있는 모습이 그 남자의 눈에 띄었다. 에스티는 테니스 경기에서 자신을 불러주기를 기다리고 있던 중이었다. 이때 "안녕, 금발 아가씨!" 하면서 그가 그곳을 지나갔고, 에스티는 부끄러워 얼굴을 붉혔다.

일주일 후, 그 청년은 에스티의 언니 르네의 친구를 통해 에스티에게 정식으로 자신을 소개했다. 그가 바로 조셉 로터였다. 에스티의 부모님도 그를 마음에 들어했는데, 특히 어머니는 에스티만큼이나 조셉을 좋아했다.

수차례 카누와 산책으로 낭만적인 시간을 보낸 두 사람은 언약을 했다. 훗날 에스티는 "언약이라는 말이 약혼이라는 단어보다 훨씬 더 우아하게 들렸다"고 말했다.

에스티는 맨해튼에서 살고 싶어했다. 조와 많은 대화를 나누면서, 그녀는 조셉 역시 자신과 같은 소망을 지니고 있다는 사실을 알게 되었다.

할리우드 스타를 모델로

헬레나 루빈스타인
대성공을 거둔 토탈 프로그램과 방수 마스카라

엘리자베스 아덴
멋지게 적중한 최초의 '뷰티 팜'

에스티 로더
마케팅의 여왕, 판매에 쿠테타를 일으키다

메이크업이
대중화되다

할리우드 스타를 모델로

경제적 불황에 따른 각계의 예상과 달리, 화장품업계의 매출은 크게 감소하지 않았다. 화장품업계를 이끌던 세 주인공 루빈스타인, 아덴, 로더에게는 더없이 다행한 일이었다. 루빈스타인은 매출이 줄어들지 않은 이유에 대해, 여성들이 최신 유행의 옷과 장신구에 돈을 쓰는 대신, 얼굴을 가꾸는 데 주력했기 때문이라고 설명한다.

1930년경 여성은 남자 같은 쇼트커트 헤어스타일에 싫증을 느끼고, 다시 머리를 기르기 시작했다. 모발 구조 분석을 토대로 화학약품을 이용한 냉파마 기술의 발명에 힘입어, 머리카락을 손상시키지 않고도 원하는 형태의 헤어스타일을 만들 수 있게 된 것이다.

인기 절정의 그레타 가르보가 옆가르마를 탄 완벽한 웨이브 헤어스타일에 짙게 화장한 얼굴로 대중 앞에 나타났다. 짙은 빨강 립스틱을 바른 그레타 가르보의 얇은 입술은 심오한 분위기를 풍겼다. 어두운 아이섀도와 검은 마스카라는 눈을 강조하면서 눈빛에 신비함을 더했다. 눈썹은 가는 선만 남긴 채 밀거나 뽑고 선을 따라 갈색 연필로 그렸다. 여자들은 하나같이 볼연지로 음영을 조절하여, 가르보의 튀어나온 광대뼈를 흉내내려 했다. 이제 일반 가정의 욕실 선반에서도 쉽게 메이크업 제품을 볼 수 있게 되었다.

파리에서는 앙투안느가 이미 오래전부터 최고의 미용사로 명성을 누리고 있었다. 앙투안느는 화려하게 패디큐어한 맨발에 그물 슬리퍼를 신고, 언제나 새로운 헤어스타일을 과감하게 연출하지만, '평범한' 모습으로 돌아올 줄도 알았다. 그녀는 헤어스타일에 대한 풍부한 아이디어로 언제나 인기가 있었다.

이때 가정용을 포함한 머리 염색약 개발이 붐을 이루었다. 모발제품을 생산하는 대기업들은 대부분 이 시기에 성장의 기반을 다졌다. 1939년 국제여성미용사협회는 연례정기총회에서, 지금은 홍차빛 금발 혹은 오렌지 금발이 유행하지만, 앞으로는 적갈색 혹은 흑청색이 유행할 것이라고 발표했다.

독일에서는 나치가 인종청소 정책을 실시하던 시기에 금발

염색약이 필수품이 되다시피 했다. 이 시대 여성들은 마치 고대 게르만족처럼 머리카락을 땋거나 화관같이 머리 둘레에 틀어 엮었다. 나치치하에서는 화장이 금지되어 여자들은 얼굴을 씻고 머리를 빗는 것 외에는 치장할 수 없었다. 그런 상황에서도 아덴은 1938년까지 『디 노이에 리니에Die Neue Linie』라는 월간잡지에 자사제품인 '베네치안Venetian' '아데나Ardena' 등을 광고하는 한편, 호르몬 크림과 비타민 크림의 생산을 계획하고 있었다.

패션은 여전히 몸매를 강조하는 것이 인기를 끌어 코르셋의 수요가 계속 증가했다. 섬유의 탄력성을 높이고자 끊임없이 노력한 결과, 너무 조이지 않으면서도 착용감이 떨어지지 않는 소재들이 개발되었다.

나치 시대에는 스포츠 분야에도 변화가 일어났다. 신체단련은 이제 선택이 아니라 의무였다. '즐겁게 체력을 기른다'는 모토 아래 스포츠를 공식적으로 장려했다. 그 결과 대중도 스포츠를 접하게 된 것은 나치의 정책 가운데 잘한 일로 꼽을 수 있다.

미국에서는 지퍼의 발명이 패션시장에 혁신을 몰고 왔다. 물론 지퍼가 처음 개발된 것은 19세기 중반이었지만, 이 시기에 본격적으로 시판되었다. 남자들의 복장에는 단추가 별로 많지 않았으므로 굳이 지퍼를 달 필요가 없었다. 따라서 지퍼를 저급하다고 여기는 남자도 많았지만, 여성들은 대환영이었다. 마담 스키아파렐리가 고급 맞춤 여성복에 처음으로 지퍼를 사용했다. 지퍼는 기성복 시장에서도 뜨거운 호응을 얻었다.

헬레나 루빈스타인

– 대성공을 거둔 토탈 프로그램과 방수 마스카라

1930년 루빈스타인은 미국의 회사를 재인수하여 정비하기 전, 생 루이 섬에서 건물 하나를 매입했다. 이 건물은 원래 아슬랭 호텔로 건축가 르 보가 지은 걸작이었다.

루빈스타인은 당시 유명한 건축가 루이 수에게 의뢰하여 건물을 허물고 현대식 아파트를 짓게 했다. 그가 호텔 건물 중 허물지 않고 남겨둔 것은 오직 고색창연한 현관문뿐이었다. 의자를 타고 오르내리는 것으로 유명했던 계단을 없애고, 그 자리에 승강기를 설치했다. 세입자들이 모두 집을 비우기까지 5년이 걸렸다.

루빈스타인은 "나는 가장 높은 층을 선택했어요. 그곳에서는 내가 좋아하는 파리의 아름다운 모습을 볼 수 있었거든요"라고 말했다. 실제로 그녀는 커다란 창을 내고, 꽃과 상록수를 심으며 분수까지 갖춘 옥상 정원을 만들었다. 그곳에서 바라보면, 세느 강 너머로 유명한 레스토랑 '투르 다르장'과 생 루이 성당의 탑들, 그리고 노트르담 대성당의 쌍둥이 첨탑이 펼쳐졌다. 옥상 정원 한쪽 구석에는 유리벽을 세워 바람을 막고, 그곳에서 식사를 하곤 했다. 포도넝쿨이 유리벽을 타고 제멋대로 뻗어 올라 멋진 풍경을 연출했다.

헬레나는 삶이 다하는 날까지 그 집을 팔지 않았다. 거실의 두터운 커튼과 벽, 고급스러운 탁자, 값비싼 양탄자까지 모두 녹색 계통으로 꾸몄다. 거실 이곳저곳에 놓인 금재떨이와 은재떨이, 유리제품 그리고 이집트 조각들이 대형 크리스탈 샹들리에 아래서 빛을 발했다.

옆방에는 헬레나가 수집한 아프리카 조각 작품을 보관했다. 그 가운데 일부는 선반과 진열장에도 전시했다. 이 방의 주요 색상은 짙은 붉은 색으로 커튼, 안락의자, 쿠션 등이 조화를 이루었다. 이곳에서 조그마한 곁방을 지나면 대식당으로 이어졌다.

대식당의 벽은 큼직한 콘크리트 벽돌로 쌓아 웅장한 느낌을 자아냈다. 식당에는 적어도 1톤은 됨직한 흑백의 대리석 식탁에, 루이 14세 풍의 높은 등받이 의자 12개를 놓았다. 벽에는 주로 후앙 미로의 작품을 걸고, 준비대와 사이드보드(접

시·포크·스푼 등을 수납하는 찬장과 서랍을 갖춘 식기찬장·식탁 준
비를 위한 서빙 테이블의 기능을 겸한 가구 - 옮긴이)는 목제로 하여
차가운 분위기를 누그러뜨렸다. 간이식당에는 비더마이어 풍
의 가구를 놓았다.

이곳을 지나면 이국의 식물들이 무성하게 자라고 있는 온
실로 통했다. 온실은 본채와 부속 건물을 잇는 다리를 꾸며
만든 것이었다.

이밖에도 카드놀이와 음악감상을 위한 방, 루빈스타인의
침실, 서재가 각각 하나씩 있었고, 응접실은 여러 개였다. 물
론 부엌도 갖추었으며, 욕실들은 다양한 형태로 꾸몄다.

오랫동안 개인비서로 일한 오히긴스는, 호화로운 시설에도
불구하고 이 아파트는 "차갑고, 심지어 사람을 우울하게 만
든다"라고 말했다. 그리고 "파리의 아파트가 웅장하고 품격
이 있는 것에 비한다면, 뉴욕의 아파트는 그저 크기만 할 뿐"
이라고 고백하였다.

그해에는 루빈스타인의 첫번째 저서 『여성 미용법 The Art
of Feminine Beauty』이 출간되기도 했다. 아름다워지기 위한
프로그램이 어찌나 빡빡한지, 여성들이 책에 쓰인 내용을 충
실히 따라하려면 한시도 쉴 틈이 없었다. 같은 해인 1930년

에 유럽에서 다섯번째로 로마에 살롱을 열었고, 1932년에 밀라노, 1934년에는 빈과 토론토의 살롱으로 이어졌다.

헬레나는 미국행을 오래 망설일 수 없었다. 뉴욕으로의 외로운 항해가 끔찍했지만 어쩔 수 없었다. 그녀는 혼자 지내는 것이 싫어 두 아들을 학교에서 데려왔다. 그리고 여름방학 동안 두 아들에게 공장일을 거들게 했다. 그들이 어찌나 좋아하며 열심히 하던지, 헬레나가 다 놀랄 지경이었다. 물론 호라스보다 로이가 더 좋아했다. 호라스는 아버지를 닮아 책에 관심이 더 많았지만, 몇년 동안 두 아들은 여름방학이면 함께 공장에서 일했다.

헬레나는 늘어가는 자신의 나이를 아랑곳하지 않고, 60대 중반의 나이에도 열정을 다해 일했다. "나는 아예 나이를 잊었지요. 그 때문에 우리 직원들 고생이 더 많았어요."

그녀에게 더 어려운 일들이 닥쳤다. 사랑하는 아버지가 세상을 떠난 것이다. 하지만 헬레나는 사업상 자리를 비울 수 없다는 이유로, 처음 당하는 가족의 장례식에 동생 망카만 보냈다. 망카가 폴란드 크라카우에 도착했을 때는 어머니마저 돌아가셨다.

티투스와의 별거, 부모님의 죽음, 그리고 사업 등 모든 것이 힘겹기만 했다. 그녀는 비참한 심정으로 밤잠을 이룰 수 없었다. 다행히 헬레나가 잘 알고 지내던 의사를 통해 비르헤르 베너 박사의 도움을 받게 되었다. 비르헤르 베너 박사는 취리히에 자신의 이름을 딴 요양원을 신설하여 운영하고 있었다. 그 의사는 사업을 구실로 헬레나를 요양원으로 불러 쉬게 했다. 비르헤르 베너 박사는 심리 및 신체건강에 중요한 완전식품을 이용하여 여러 가지 건강식을 개발한 사람이었다. 이 사실은 헬레나의 흥미를 끌었다. 그곳에 도착한 순간 그녀는 편안함을 느꼈다.

"실제로 나는 비르헤르 베너 박사와의 만남을 내 생애 커다란 사건 중에 하나라고 생각한다. 그가 끈질기게 주장한 많은 이론이 이제는 당연한 것이 되었다."

루빈스타인이 1938년에 쓴 『아름다움을 위한 음식Food for Beauty』에는 100가지 이상의 생식법이 실려 있는데, 이는 비르헤르 베너 박사의 다이어트 법에 기초한 것이다. 헬레나는 3주일 동안 비르헤르 오트밀(날귀리, 말린 과일, 건포도, 견과류 가루를 우유에 타 먹는 아침식사 – 옮긴이)과 생과일 그리고 채소로 짠 식단에 따라 다이어트를 했다. 이후 평생 동안 그녀는 낮시간에 일정한 간격을 두고 생식하는 습관을 지켰다. 그 결과 예전의 활력을 되찾고 다시는 불면증에 시달리지 않았다. 게다가 체중도 5킬로그램이나 줄었다.

뉴욕으로 돌아가는 길에 헬레나는 파리로 갔지만 잠시 들렀을 뿐이었다. 취리히에서 얻은 지식을 뉴욕의 살롱에 전하는 일이 시급했다. 이는 돈벌이가 될 만한 사업이었다. 특히 미국 여성들에게서 좋은 반응을 얻으리라 확신했다.

'아름다움의 날'이라는 프로그램을 만들고, 대대적으로 광고했다. 8시간 걸리는 이 토탈 프로그램은 아침에 고객의 체중과 몸의 치수를 재고, 그에 따른 관리법을 작성하는 것으로 시작된다. 그런 다음 의사의 감독하에 운동과 체조를 하고, 샤워로 씻고 전신 마사지로 긴장을 푼다. 그리고 15분의 휴식을 취하는 동안 저칼로리의 간식이 주어진다.

간식은 주로 과일, 야채, 생즙이다. 오후는 집중적인 얼굴 손질을 시작으로 모발, 발, 손의 관리로 이어진다. 끝으로 고객은 메이크업을 받으면서 자세한 설명을 듣는다.

'아름다움의 날'은 대단한 성공을 거두었지만, 고객들에게 계속해서 간식을 제공할 수는 없었다. "간식 제공에서 안타깝게도 실수를 범했다. 우리는 그로 인해 많은 것을 배웠다." 스스로 인정했다시피, 레스토랑 경영에 대해 충분히 공부하지 않고 덤빈 것이 그녀의 실책이었다.

1936년 루빈스타인의 또다른 책『아름다워지는 법This Way to Beauty』이 서점에 등장했다. 가정에서 할 수 있는 미용법에 대한 지침서였다. 같은 해 그녀는 뉴욕 5번가 715번지에 우아한 새 살롱을 열었는데 그곳에 많은 직원들을 고용했다. 여러 명의 물리치료사를 비롯해 메이크업, 다이어트, 모발, 피부를 담당하는 전문가들과 헤어미용사, 체조강사 그리고 의사도 한 명 두었다.

1937년 에드워드 티투스와 헬레나 루빈스타인은 정식으로 이혼했다. 1년 후 헬레나는 그루지아의 왕자 아르칠 구리엘리 테크코니아와 결혼했다. 헬레나의 나이 66세, 아르칠은 41세 때였다.

1935년 두 사람은 패션 디자이너 잔느 랑벵의 딸인 폴리냑 백작부인의 집에서 처음 만났다. 이때 열린 브리지 파티에서 헬레나의 파트너가 바로 아르칠 왕자였다. 그는 브리지와 백 가몬 게임에서 프로 선수 못지않은 실력을 발휘했다. 그는 집에서 보내주는 얼마 되지 않는 생활비로 살고 있었는데, 화가가 되고 싶어했다. 헬레나는 그를 "키가 크고 검은 곱슬머리에 잘 생긴데다, 주변사람들을 즐겁게 만드는 재주가 있었다"라고 묘사했다.

"아르칠의 열린 마음과 따스함, 그리고 환한 웃음이 나의 마음을 끌었다. 오랫동안 나는 그렇게 즐거운 대화를 나눠보지 못했었다."

그러나 헬레나는 신중했다. 그 시절 프랑스에 체류하던 러시아인 가운데는 귀족 행세를 하는 사람들이 많았던 것이다. 그녀는 친구 미샤 세르의 충고대로 그의 신분을 확인해보았고, 다행히 그는 진짜 왕자였다. 헬레나는 마음이 홀가분해졌다. 다른 기록에 따르면, 처음부터 그는 자신의 출신을 증명하는 유럽의 왕족 계보 『고타 연감Almanach de Gotha』을 가지고 나타났다고 한다. 물론 그의 집안이 그 연감에 등재되어 있는지는 이전에도, 당시도, 이후에도 확인된 바 없다.

미국의 통속잡지 『컨피덴셜』에 실렸던 것처럼, '왕자'가 따로 한 페이지를 인쇄해 끼워 넣었다는 이야기가 맞는 것도 같다. 그리고 언젠가 그루지아의 한 귀족여성은, 자신의 나라에서는 양 6마리만 있으면 누구나 영주가 될 수 있다고도 말했다.

헬레나는 늘 그래왔던 것처럼, 신중함을 발휘하여 변호사를 통해 결혼 계약서를 작성했다. 거의 무일푼인 남편에게 그녀가 허락하는 돈을 남편이 사망할 경우 다시 환수한다는 조건이었다. 그래 봤자 50만 프랑에 불과한 돈이었다.

그는 뉴욕의 고급 레스토랑 콜로니에서 그녀에게 청혼했다. "헬레나, 우리는 어린애가 아니오. 당신에게는 내가 필요해요." 헬레나는 나이차가 너무 커 망설였다. 하지만 친구들과 가족이 찬성하고 심지어 아들들까지 축하해주자, 헬레나는 그의 청혼을 받아들였다.

그러나 1920~30년대 헬레나 제품의 광고카피를 썼던 클레어 골(1891-1977)은 그를 혹평했다. 골은 자신의 회고록에서 이렇게 썼다. "아르칠은 소주, 보드카 등의 독주만 마시는 술꾼이었다. 백러시아 출신의 전직 근위장교 몇 사람이 전하는 바에 따르면, 1914년 전쟁이 발발하고 차르(제정 러시아 시대의 황제 - 옮긴이)가 처형된 이후, 그는 괴로움으로 술독에서 헤어나온 적이 없었다고 한다."

헬레나의 사생활은 행복해 보였다. 하지만 그해의 사업은 커다란 타격을 입어, 그녀와 회사가 회복되는 데 오랜 시간이 걸렸다. 한편 경쟁자 엘리자베스 아덴은 헬레나의 경영진에 공격을 가했다. 헬레나의 경영진은 전 분야에서 탁월한 명성을 누리고 있었던 것이다. 엘리자베스는 루빈스타인의 경영자를 5만 달러의 연봉으로 스카웃했고, 그는 11명의 직원을 데리고 아덴 회사로 갔다.

1년 후 루빈스타인은 반격을 가했다. 아덴의 전남편 톰 루이스를 새로운 경영자로 영입한 것이다. 당시 많은 사람들이 "누가 보더라도 가장 멋진 반격"이라고 말했지만, 사실상 그 일은 헬레나에게 큰 승리를 가져다주지는 못했다. 톰은 아덴과 이혼할 당시, 5년 동안 사업에서 손을 떼라는 법정 판결에 따라야 했고, 그렇다고 5년의 공백을 만회하지도 못했다. 그는 루빈스타인이 기대했던 내부기밀을 알려주지도 못했고, 사업을 성공시키지도 못했던 것이다.

1930년대 미국의 화장품업계는 전반적으로 큰 어려움을 겪었다. 역사상 처음으로 연방거래위원회가 미용산업과 광고에도 개입했다. 이것은 제품의 치료 효과를 내세운 과대 광고를 막기 위해 미국의사협회가 주도한 것이었다. 그들은 화장품의 광고문구에 제동을 걸었다.

당시만 해도 크림이 피부를 젊게 만들어준다거나, 로션이 모공 깊숙이 세정해준다는 광고들이 아무런 제재를 받지 않고 통용되었는데, 많은 문구가 삭제되거나 수정명령을 받았다. 그리하여 '발라제 크림'은 '웨이크업 크림'으로 바뀌었다가, 나중에 '스킨 클린징 크림'으로 불렸다.

항의를 해도 소용없었다. 약삭빠른 사람은 승복했다. 그러나 이 규정을 지키지 않은 몇몇 회사는 문을 닫아야 했다. 이 일이 있은 후 화장품 회사는 미국식품의약국FDA의 감시를 받게 되었다. 또한 노골적으로 타사 제품과 비교하는 대담한 광고방식도 더 이상 허용되지 않았다.

헬레나 부부가 파리에 체류중이던 1939년, 독일이 프랑스를 침공했다. 헬레나로서는 두번째 겪는 전쟁이었다. 부부의 미국행은 오래 지체되었다. 그들이 도주를 준비하는 동안, 뉴욕 세계박람회에서 최초로 방수 마스카라를 선보였다. 헬레나 루빈스타인의 '방수 마스카라'는 한 오스트리아 여인이 개발했는데, 1940년에 시판되어 세계적으로 대대적인 성공을 거두었다. 이 박람회에서 유명한 수중발레단 '애쿼케이드' 단원들이 마스카라의 품질을 현장에서 증명해보였다.

엘리자베스 아덴
– 멋지게 적중한 최초의 '뷰티 팜'

1929년 10월, 주가 폭락으로 수없이 많은 회사들이 파산했다. 그러나 1928년 5억 달러를 달성했던 화장품 산업의 매출은 1929년 말, 7억 5천 달러로 증가했다.

엘리자베스는 남편 톰에게 이런 현상에 대해 말하면서 즐거움을 감추지 못했다.

"불경기가 우리 사업에는 오히려 도움이 될 거예요. 여자들은 손톱을 물어뜯을수록, 이마를 찌푸릴수록, 머리카락을 쥐어뜯을수록 우리가 더 필요할 걸요."

1930년 엘리자베스는 뉴욕 5번가 691번지 건물을 사들였다. 그녀의 또다른 경쟁자 도로시 그레이가 몇집 건너에 도로시 그레이 빌딩이라는 높은 건물을 세웠던 것이다. 루 카펜터는 새로 구입한 빌딩에 새로운 살롱을 꾸며야 했다.

아덴은 당시 최고의 인기를 얻고 있던 러시아 출신 디자이너 니콜라이 레미소프에게 자신의 의견을 반영하여 실내장식을 맡겼다. 언론은 앞다투어 새로운 살롱 취재기사를 실었고, 비취색 유리벽으로 꾸민 응접실과 입구의 고전미에 찬사를 보냈다. 층마다 양식을 달리한 이 5층 건물은 치료실, 체조실, 마사지실, 탭댄스 교습실 그리고 펜싱 교습실이 한층씩 차지했다.

이 일을 계기로 아덴과 레미소프는 그후로 오랫동안 함께 일했다. 아덴이 세계 곳곳에 살롱을 개업할 때마다 레미소프가 실내장식을 담당했다. 아덴은 자신의 저택 실내장식도 그에게 맡겼으며, 기존의 살롱들도 그의 손길을 거쳐 완벽하게 개조되었다.

1930년대 아덴의 출발은 순조롭지 않았다. 처음부터 서서히 시작된 남편과의 갈등이 고조되어 갔다. 그녀가 담당했던 새로운 살롱 개업은 틀에 박힌 일상이 되어버려, 그녀가 할일은 점점 줄어든 반면에 톰의 영향력은 날로 커져갔고, 그래서는 안 되는 줄 알면서 그녀는 점점 더 남편의 일에 끼어들게 되었다.

잠깐이지만 그들의 의견이 일치한 적도 있었다. 정부의 시책에 반대하는 투쟁에서였다. 시급하게 필요한 재정의 조달

방책을 찾던 정부는 미용산업을 발견하고는, 모든 화장품 제품에 10퍼센트의 특별소비세를 부과한 것이다(이 법은 얼마 되지 않아 개정되었다). 즉 립스틱, 볼연지, 분, 마스카라 등 모든 색조화장품 계통 제품의 세금은 소비자가 부담하는 반면 크림, 로션, 토너 등 기초화장품의 세금은 제조회사가 부담하게 되었다.

루빈스타인도 따를 수밖에 없었던 새로운 FDA 규정은 아덴에게 더욱 혹독한 것이었다. 아덴은 '오렌지 스킨 푸드 크림'의 이름을 '오렌지 스킨 크림'으로 바꾸어야 했다. 결국 크림은 식품이 아니라고 공표한 것이다. 그녀는 화가 머리끝까지 치밀었지만 따를 수밖에 없었다.

또한 엎친 데 덮친 격으로 업계를 뒤흔드는 스캔들이 터졌다. 아덴을 포함하여 7개 회사가 판매촉진 장려금 수수혐의로 기소된 것이다. 경쟁사의 제품 대신에 자사 제품을 강권하도록 판매점 대표에게 돈을 주는 것은, 당시 널리 퍼져 있던 불법적 관행이었다. 소비자는 이러한 상황을 모른 채, 자신이 일반제품을 사고 싶어도 거의 강제적으로 특정 기업의 제품을 살 수밖에 없었다. 아덴은 항소했지만, 이 사건은 14년 후로 계류된 유일한 법정소송이 되었다.

이 법정 사건이 끝난 후, 루이스 부부는 다시 사적인 문제로 격돌했다. 엘리자베스는 여자들이 옷 색깔에 맞춰 입술 색을 고를 수 있도록 7가지 색깔의 립스틱 세트를 생산하고 싶어했지만, 톰이 극구 반대했던 것이다. 그녀는 불같이 화를 냈다. "이건 내 사업이야! 내가 옳다고 생각하는 대로 추진할 거야. 마음에 안 들면 당신이 떠나면 되잖아!"

결국 그녀는 립스틱 세트 생산을 추진했고, 각기 다른 색깔의 립스틱을 바른 7명의 발레리나들을 데리고 전국을 순회했다. 이 선발대는 가는 곳마다 주목받고 화제가 되었다.

마침내 엘리자베스가 결단을 내리게 되는 사건이 일어났다. 톰 루이스가 모든 살롱과 구매자, 판매원들에게 자신의 새로운 주소를 알려주며, 앞으로 모든 연락은 자기에게 직접 하라는 내용의 전보를 보낸 사실이 밝혀진 것이다. 엘리자베스가 이 사실을 알게 될 것은 뻔한 일이었다.

톰은 무슨 생각으로 이 엄청난 실수를 저질렀을까? 자기 아내와 정면으로 대결하려는 것이었을까? 아니면 신뢰를 잃었음을 이런 식으로 분명하게 알림으로써, 난관을 극복할 수 있으리라고 생각했던 것일까? 그는 아덴의 주식을 단 1주도 가지지 않았고, 따라서 회사에 대해 어떤 요구도 할 수 없었

다. 퇴근 후 그가 집에 돌아와보니, 짐을 꾸린 여행가방이 복
도에 나와 있었다. 수위와 엘리베이터 운전자는 집안으로 들
어가려는 그를 완강하게 막았다. 이후 그는 집에 다시는 발을
들여놓을 수 없었다.

　며칠 후 변호사가 그에게 조정제의서를 보내왔다. 정신적
고통을 사유로 내세운 이혼에 무조건 동의하는 대가로, 그는
현금 25,000 달러를 받았다. 그가 창업에 동참하여 키워놓은
기업의 가치가 1,500만 달러 이상이었던 사실을 고려하면,
어처구니없이 적은 보상금이었다. 게다가 이 정도로 끝난 게
아니었다. 엘리자베스는 앞으로 5년 동안 그가 화장품업계에
서 일하지 못하도록 조처했다.

　톰은 그녀의 조건을 수락하는 것 외에는 달리 방도가 없었
다. 법적 대응은 앞으로 몇년을 끌 수도 있고, 그에게는 소송
을 끌어갈 돈도 없었으며 패소로 끝날지도 모를 일이었다.
1934년 10월 5일, 엘리자베스 그레이엄은 메인 주 오거스타
에서 톰 루이스와 이혼했다.

　당시 메인의 집은 아덴의 안식처였다. 그녀는 거의 매주말
마다 그곳으로 돌아갔다. 이곳에 있으면 어린 시절 이후 소홀
했던 말에 대한 사랑이 되살아나곤 했다. 1931년 아덴은 처

음으로 말 1마리를 사들였다. 아랍계 잡종이었다. 조련사 겸 승마선생으로 백러시아 왕자를 고용했는데, 그는 아덴의 파우더 공장에서 일하는 직원이었다. 엘리자베스의 공장에서 일하는 직원 가운데는 페르시아 왕자, 러시아 장군, 독일 백작 등 귀족 출신의 망명자들이 꽤 있었다.

톰과의 불화로 힘겨웠던 시절, 베시 마버리가 그녀 곁에서 용기를 북돋워주고 그녀를 지지해주었다. 엘리자베스는 그 누구에게도 깊은 애정을 보인 적이 없었다. 하지만 베시가 곁에 있으면 그녀는 용기가 생겼고, 사랑받고 있다는 느낌과 더는 혼자가 아니라는 생각이 들었다. 베시는 무조건적으로 그녀를 믿어주었다. 그런데 1933년 베시는 77세의 나이로 죽음을 맞이했다. 베시가 갑작스럽게 세상을 떠나자 엘리자베스는 당혹스러웠다. 수많은 유명인사와 권력자들이 그녀의 장례식에 참석했다. 베시는 40년 넘게 예술계는 물론 정계에까지 두루 영향력을 발휘했던 것이다.

베시가 사망한 후 기념사업위원회가 결성되었다. 엘리자베스는 물론 미시즈 엘리노어 프랭클린 루즈벨트, 미시즈 윌리엄 밴더빌트, 미스 앤 모건이 위원으로 참여했다. 베시가 살던 집은 도서관과 박물관을 갖춘 기념관으로 보존하기로 했는데, 여기에는 5만 달러가 소요될 것으로 추정되었다. 엘리자베스가 집을 판 돈으로 기금의 일부를 마련하여 부담이 훨씬 줄었으나, 나머지 금액이 잘 모이지 않아 계획이 지연되었다. 이때 엘리자베스는 무척 초조해했다.

그즈음 광고회사를 운영하는 미남 사장 헨리 셀이 엘리자베스에게 '뷰티 농원 beauty farm'에 대한 아이디어를 제공했다. 엘리자베스는 그에게 계속 광고를 맡겼고, 살아 있는 날까지 그를 믿고 신뢰했다. 셀은 레이크 플래시드에서 자신의 집을 클럽으로 개조한 한 남자 이야기를 해주었다. 그녀는 감전된 듯 '바로 이거야!' 하고 소리쳤다. 베시를 위해, 여성을 위해, 아름다움을 위해, 여성만 입장할 수 있는 장소, 즉 우아한 여성전용클럽과, 이미 유럽에서 보편화되어 있는 건강온천을 통합한 시설을 마련하는 것이었다. 그녀는 위원회에 내놓았던 제의를 철회하고 토지를 합병하여 '메인 찬스'라고 명명했다.

문을 열기까지 1년이 걸렸고, 총 비용은 20만 달러에 이르렀다. 다시 루 카펜터가 작업에 들어갔다. 수영장을 만들고 넓은 공간을 정원에 할애했다. 숙박시설과 탈의실, 보건실, 휴게실을 위해 많은 건물을 새로 지었다.

1934년 여름, 아덴은 사상 초유의 뷰티 농원을 개장했다. 이로써 그녀는 또다시 '최초의 인물'로 기록되었다. 요금이 매우 비쌌지만 뷰티 농원은 언제나 예약 완료였다. 6명의 정원사를 포함하여 총 40명의 직원이 돌보지만, 손님은 절대로 20명을 넘기지 않았다. 대부분 저명인사인 고객이 객실, 관리실, 체조실, 한증실, 탈의실 등의 시설을 이용하는데, 아무런 불편이 없도록 직원들은 최선을 다했다. 매일 아침 빨간 장미로 장식한 식사를 침대에 대령하는 것도 그들의 임무였다. 이 뷰티 팜은 곧 상류층 부인들의 인기를 얻었다.

손님의 입에서 입으로 퍼져나간 소문이 엄청난 비용을 들인 광고보다 더 효과가 있었다. 여성들은 피로회복과 젊음을 위해 매분마다 꽉 짜인 엄격한 프로그램에 순순히 따르고, 일주일에 평균 3킬로그램의 몸무게를 줄이는데 200~500달러를 기꺼이 지불했다. 불경기에도 아랑곳하지 않았다.

영화배우 에바 가드너, 메이미 아이젠하워 여사, 대사부인이자 희곡작가인 클레어 루스와 같은 여성들이 증기와 밀랍, 산소로 안마치료를 받고 샤워를 하는 등 엄격한 아덴 다이어트를 따라했다. 이밖에도 각종 운동과 더불어 자세교정을 받았으며 요가를 배웠다. 여가시간에는 볼링과 배드민턴을 치고, 모터보트를 타거나 승마를 즐겼다. 아덴은 말 6마리를 고객용으로 제공했다.

아덴이 새롭게 취미를 붙인 승마는 그녀의 인생에서 점점 더 많은 부분을 차지하게 되었다. 아덴은 거액을 들여 우수마 전시회에서 말 3마리를 더 구입했다. 하지만 그것도 곧 시들해졌다. 그녀는 진정한 스릴을 맛볼 수 있는 곳은 경마장뿐이라고 생각했다. 하지만 경마에 대해 아는 바가 거의 없었기에, 이 분야의 전문가 샘 리들의 도움을 받았다.

엘리자베스가 주말마다 친구들을 초대해 파티를 열었던 사라토가는 미국 경마의 메카였다. 그녀가 리들을 처음 알게 된 것도 그 모임에서였다. 또한 미래의 승리마를 발굴하는 재능으로 명성을 얻고 있던 레슬리 콤즈가 그녀의 고문 겸 매니저가 되었다. 훗날 그는 세계정상의 사육사가 된다.

1935년경 엘리자베스는 자기 소유의 승마장을 짓느라 여념이 없었다. 그녀는 벨몬트와 사라토가의 경마연합회 회원이 되어 벨몬트에는 1년 내내, 사라토가에는 시즌 동안에 묵을 집을 각각 하나씩 빌리고, 훌륭한 말과 조련사 그리고 최고의 기수를 찾아나섰다. 엘리자베스는 승마장 소유주가 됨으로써 상류층 대열에 끼어, 밴더빌트나 모건과 같은 미국의 유서 깊은 명문가와 어깨를 나란히 하게 되었다. 경마 분야에서도 성공을 거둔 셈이다.

이때 스완슨이 개발한 '에잇 아워 크림Eight Hour Cream'은 훗날 엘리자베스의 제품 가운데 가장 큰 성공을 거두게 된다. 그녀는 고객들에게 "한번 써보세요. 저는 이 크림을 제 말들에게도 발라줍니다"라고 하면서 권했다.

같은 해 그녀의 동생 글래디스는, 남프랑스의 향수 도시 그라스에서 매혹적인 새로운 향수를 발견하여, 이 향수를 엘리자베스에게 보냈다. 낭만적인 향수 이름도 함께 적어 보냈지만, 엘리자베스는 그 향을 처음 맡는 순간 '블루 그래스Blue Grass'라고 이름 붙였다. 그녀의 승마장이 있는 켄터키 언덕에서 자라는 잔디의 이름을 딴 것이었다. 어쨌든 그녀가 최초로 시장에 내놓은 향수는 말과 관련된 것이었다. 이름과 달리 꽃향기가 나는 그 향수는 곧 베스트셀러가 되었고, 오늘날까지 사랑받고 있다.

엘리자베스는 죽는 순간까지 모든 일을 직접 처리했다. 화장품 성분의 합성, 광고문구, 향수이름과 용기, 분합, 포장과 상표 등 그야말로 모든 일에 처음부터 끝까지 관여했다. 엘리자베스 아덴이 즐겨 이야기하던 30년대의 한 일화는 이 사실을 잘 보여준다.

"어느 날 회사 앞에서 택시를 탔는데, 택시기사가 확신에 찬 어조로 이렇게 말하더군요. '우리 마누라는 엘리자베스 아덴이라는 사람은 이 세상에 없고, 어떤 유능한 남자 사업가가 배후에 있다고 믿는다'라고요. 내가 미스 아덴이라고 소개하고, 부인에게 갖다주라며 뜯지 않은 크림 1통을 주자, 그 택시기사는 거의 기절할 뻔하더군요. 나는 '이제부터 당신 부인은 엘리자베스 아덴이 실제로 존재한다고 믿을 거예요'라고 말해줬지요."

그즈음 엘리자베스는 라디오 방송을 계획하고 있었다. 성공을 거두려면 대규모 시장을 상대로 해야 한다는 참모들의 의견을 무시하고, 그녀는 20만 달러를 들여 무리하게 밀고나갔지만, 결국 아무 소득이 없었다. 그것을 만회해줄 수 있는 사람도 없었다. 아덴 기업에 들어왔던 매니저, 대행사, 직원들이 하나둘씩 빠져나가는 위기가 시작되었다.

엘리자베스는 모든 일에 있어 톰 루이스가 필요하고 아쉬웠다. 루이스와 헤어진 후 2년 동안 그녀는 50만 달러의 손실을 입었고, 경영자가 5번이나 바뀌었다. 마침내 그녀는 아덴 회사를 알리는 라디오 쇼 이후, 톰 루이스가 스카우트했던 왕년의 브로드웨이 뮤지컬 스타 크로스에게 유능한 인재 한 명을 하루빨리 찾아줄 것을 부탁했다. 크로스는 40년 동안 아덴의 회사에서 일했고 부사장직까지 올랐다. 그는 즉시 적임자를 떠올렸지만 선뜻 대답할 수 없었다. 거기에는 충분한 이유가 있었다.

"그가 바로 해리 존슨입니다. 그런데 지금 마담 루빈스타인 회사에서 일하고 있지요." 그렇다고 물러설 엘리자베스가 아니었다. 그녀는 두 눈을 반짝이며 소리쳤다. "그를 데려오세요. 돈이 얼마가 들든 상관없어요!"

존슨은 아덴의 직원들이 회사에 오래 머물지 못한다는 사실을 이미 잘 알고 있었기에, 연봉 5만 달러에 5년 계약이라는 파격적인 대우를 요구했다. 엘리자베스는 그의 요구를 수락했고, 존슨은 루빈스타인의 직원 11명과 함께 아덴의 회사로 옮겨왔다. 이때 루빈스타인은 "그 여자가 내 직원들을 훔쳐갔어. 복수하고 말 거야!"라며 노발대발했다. 그리고 오래 지나지 않아 실천에 옮겼다.

그동안 아덴은 살롱에 머리손질을 위한 시설을 계획했다. 1936년까지만 해도 여성들이 머리손질에 들이는 비용이 연간 400백만 달러에 달했던 것이다. 이스트 53번가 3번지 살롱 한켠에 그녀 소유의 작은 미용실 '오 프렝탕'이 있었지만, 그 미용실은 아주 가까운 단골고객만 알고 있었고, 살롱과는 별도로 운영되고 있었다.

당시 프랑스는 미용 분야에서 가장 혁신적이었고 최고 수준을 자랑했다. 아덴은 파리에 있는 글래디스에게 능력 있는 사람을 구해 뉴욕으로 보내라고 지시했고, 글래디스는 기욤을 보냈다. 엘리자베스는 그를 맞아들이면서 언론과 광고를 통해 대대적으로 소개했다. 기욤은 기대에 어긋나지 않는 명성을 얻었고, 아덴의 모든 살롱을 순회하면서 보조원들을 자신의 방식대로 교육시켰다.

최고급 핸드백과 속옷, 스카프와 몇몇 의상을 판매하려는 그녀의 계획은 서서히 완성되었다. 살롱은 마치 슈퍼마켓처럼 여성들의 허영심을 만족시킬 상품을 모두 갖추게 된 것이다. 이제 자신의 살롱에서만 구입할 수 있는 특별 디자인의 고급의상만 갖추면 되었다.

엘리자베스는 주력사업인 미용 못지않게 승마장 소유주로서도 전력을 다했다. 모든 것을 자신이 감독해야 하는 그녀의 성격을 보면, 직원들과 의견대립이 잦은 것은 어쩌면 당연했다. 그러니 떠나는 직원들이 끊임없이 생겼다. 조련사, 기수,

마구간 근로자들도 계속 교체되었다. 하지만 1년치 연봉을 주고 일주일 뒤에 해고하는 한이 있더라도, 그녀는 최고 실력자만을 직원으로 고용했다.

아덴은 처음 마구간 이름을 자신의 본명에서 성별만 바꾸어 '미스터 나이팅게일'이라고 불렀지만, 1년 후 '메인 찬스'로 바꾸었다. 경주 트랙에서도 그녀는 결코 '미시즈 엘리자베스 아덴'이라는 이름을 쓰지 않았다. 잠시 동안 그녀는 스스로를 '미시즈 그레이엄 루이스'라고 불렀지만, 이혼 후에는 '미시즈 엘리자베스 그레이엄'이라고 불렀다.

1937년 벨몬트의 마구간이 화재로 완전히 소실되었다. 이때 초기에 사들인 말 4마리가 모두 죽었다. 즉시 아덴은 1년생 말 1마리를 샀다. 그 말의 이름은 '그레이트 유니온'이었는데, 샘 리들의 말 '맨 오 워'의 손자였다. 그레이트 유니온은 어릴 때부터 큰 가능성을 보이더니, 1939년 3세 때 사라토가 경주에서 승리하여 엘리자베스에게 처음으로 거액을 안겨주었다. 경주에서 승리를 거둔 후 지역신문에 실린 한 인터뷰 기사에서, 엘리자베스는 자신의 마구간이 마침내 흑자를 기록했다며 자랑스럽게 말했다.

그사이 아덴은 살롱의 유럽 지점들을 점검했다. 그녀에게 처음 일자리를 주었던 엘리노어 아데어는 미국에서 완전히 철수하여 자신의 뿌리를 찾아 돌아갔다. 그녀는 1930년대 중반까지 런던의 아덴 저택에서 불과 몇집 건너의 올드 본드 가 30번지에 살았었다. 1937년 이후부터 고객은 뉴 본드 가에서 그녀를 만날 수 있었다.

1934년 독일에서 아덴은 가정용 피부관리 지침서를 이용하여 광고를 하고 반송용 설문지를 돌렸다. 그리고 클린징크림과 피부강화 크림, 영양 크림 및 반점 제거용 연고를 출시했다. 또한 비누칠용 수건, 은은한 향의 화장품과 비누가 합쳐진 목욕용 장갑, 아데나 크림방망이를 선보였다.

"액체용 방망이는 두 부분으로 되어 있습니다. 목, 이마, 뺨에는 둥근 부분을, 입가와 눈 주위에는 타원형 부분을 사용하십시오"라고 설명하면서, 엘리자베스 아덴의 욕실제품은 독일, 오스트리아, 체코슬로바키아, 스위스의 유명점포에서 구입할 수 있다고 덧붙였다.

1936년에 베를린의 살롱을 몇집 건너 부다페스트 가 31번지로 옮겼다. 당시 독일 여성들은 아마도 살롱에 갈 용기를 내지 못했을 것이다. 여성에게 물과 비누 외에 치장을 허용하지 않는 나치의 규정 때문이었는데, 그녀들은 규정을 어기고 화장을 하면 처벌받을 것을 두려워했던 것이다. 하지만 그 정도로 두려워할 필요가 없는 외교관 부인들과, 모든 것이 허용되는 일부 나치 간부의 부인들 덕분에 아덴 살롱은 특혜를 누렸다.

이해 아덴은 헤르만 괴링의 만찬에 초대를 받기도 했다. 그녀는 "당신은 너무 뚱뚱하군요. 제가 헬스용 자전거 한대를 선물로 드리겠습니다"라는 말로 감사를 표현했다. 허세를 부리던 괴링은 그녀의 말이 틀렸다는 것을 증명하려는 듯 물구나무서기를 해보였다. 호텔로 돌아가면서 그녀는 혼자 나지막하게 킥킥대면서 중얼거렸다. "아깝다! 그순간 그가 자신의 새끼발가락을 볼 수 있을 거란 생각이 들었으면, 그가 그것을 만지도록 했을 텐데……."

다음날 그녀는 이 짧은 특혜의 순간을 후회해야 했다. 괴링이 '제3제국'의 명예를 높이기 위해, 그녀의 살롱에서 헬스 자전거를 압수한 것이다. 이에 아덴은 뉴욕에 돌아와서 베를린의 살롱을 광고에서 빼버렸다. 1947년까지 독일 신문에 살롱 광고가 실리지 않은 것으로 보아, 아덴은 미국이 참전하기 직전이었던 이 시기에 독일을 언급하지 않는 것이 좋다고 생각했던 듯하다. 1940년 6월 26일 베를린의 국가고문 골츠 주

니어 백작이 '재산 안전과 유지를 위한 사업자등록 관리자'
로 임명되었다.

1939년 아덴은 다시 유럽으로 갔다. 파리의 아름다운 방돔
광장 7번지에 새로운 살롱을 개업하기 위해서였다. 1차세계
대전 직전 그녀가 파리를 처음 방문했을 때, 혼자 외로이 서
서 주변경관에 감탄했던 곳이었다. 이곳에는 차츰 유명 호화
브랜드들이 자리를 잡아가고 있었는데, 그중에는 샤넬도 있
었다.

아덴은 영국의 노스 액튼에 새로운 공장을 구입했다. 아덴
이 돌아오자, 광고회사 사장 헨리 셀은 최근에 들어온 구매
제안을 전했다. 유나이티드 스테이츠 스틸이 2,500만 달러로
그녀의 회사를 사들일 준비가 되어 있다는 것이었다.

셀과 아덴은 찬성과 반대를 오가며 여러 시간에 걸친 긴 토
론을 마치고, 결국 거절했다. 아덴은 어린 소녀 같은 목소리
로 최종 의사표명을 했다.

"저 엘리자베스 아덴은 매각에 동의하지 않기로 결정했습
니다."

에스티 로더

– 마케팅의 여왕, 판매에 쿠데타를 일으키다

1930년 1월 15일, 에스티는 조셉 라우터와 결혼한다. 하지만 장차 '화장품의 여왕'이 될 신부는 아버지의 반대 때문에 립스틱도 바르지 못한 채 결혼식을 올려야 했다. 나중에 신부 사진이 『뉴욕타임스』에 실리게 되었다. 당시만 해도 그녀는 자신의 사진이 신문과 잡지를 장식하게 될 줄은 꿈에도 상상하지 못했다. 그래서인지 로더는 이 결혼 사진을 무척 자랑스러워했다.

결혼식을 올리기 전 조셉의 성(姓)에 대하여, 언론에서는 공식적으로 아래와 같이 설명하고 있다. 조의 아버지는 오스트리아 태생이었고, 원래의 성은 라우더 Lauder였다. 그런데 미국으로 건너올 당시, 관리가 그의 이름을 라우터 Lauter라고 잘못 듣는 바람에, 그때부터 라우더가 아니라 라우터로 불리게 되었다.

에스티와 조셉은 본래의 이름을 되찾기로 결심했다. 조세핀 에스티 멘처는 이제 조세핀 에스티 라우더가 되었으며, 미국식 발음에 따라 로더라고 불렀다.

그러나 1933년 맨해튼 전화번호부에는 '라우터 화학사'라고 실려 있고, 1937년 여름에야 뉴욕 전화번호부에 '에스티 로더, 웨스트 78번가 173번지'라고 실리게 된다. 그 주소에는 조의 상호도 함께 실려 있는데, 성은 여전히 라우터라고 되어 있었다. 1938년 에스티의 이름은 그리니치 빌리지에 다시 등장하지만, 조의 이름은 없었다.

결혼식을 올리고 맨해튼으로 거처를 옮긴 신혼부부는 처음 몇년 동안 무척 힘겨웠다. 자신의 전기에서 에스티는 궁핍했던 그 시절, 어떻게 생활비를 벌었는지 자세히 밝히지 않은 채 모호하게 묘사해놓았다. 상업학교에서 부기를 공부했던 조는, 여러 기업과 손잡고 일하면서 섬유업계에서 승부를 걸고자 했으나, 그 기업들이 모두 무너지고 말았다.

한동안 그는 단추를 팔기도 했다. 그의 유일한 독립사업체였던 '에이펙스 견직물사'에 대해 그는 시기를 잘못 만났다고 서술하고 있다. 불경기로 실크 가격이 폭락했고, 따라서 이익도 격감하여 문을 닫을 수밖에 없었다. 1932년 그들 부부는 잠시 카페를 경영하기도 했다.

결혼한 지 2년 후 아들 레너드가 태어났다. 에스티는 자신이 좋아했던 두 가지, 즉 연극과 화장품을 연결시키고 싶어했다. 그녀는 부엌에서 실험을 거듭하면서 더 나은 제조법을 알아내고자 끊임없이 노력했다. 자신은 물론 눈앞에 보이는 사람이면 누구나 실험대상이 되곤 했다. 또 무대에서도 각광받고 싶었던 그녀는, 틈나는 대로 집 근처에 있는 체리레인 극장을 찾아가 작은 배역을 따내기도 했다. 그러나 자신이 이 분야에는 재능이 부족하다는 사실을 깨달았다.

레너드가 자라 학교에 들어가자, 에스티는 어떻게든 시간과 돈을 마련하여, 한 달에 한번은 플로렌스 모리스의 미용실 '하우스 오브 애쉬 블론드'에 가서 금발로 염색했다. 그러면서 에스티는 미용실에 드나드는 다른 손님들에게 자신의 크림을 선전했고, 직접 크림을 발라주겠다며 그녀들을 집으로 데려왔다. 그녀는 대부분의 시간을 여기에 투자했다. 여자들은 자신의 차례가 될 때까지 얌전히 그녀를 기다렸다. 하지만 미용실 주인인 플로렌스 모리스가 계속 모르게 할 수는 없는 노릇이었다.

어느 날 모리스 부인이 에스티에게 어쩌면 피부가 그렇게 생기 있고 깨끗하냐고 물었다. 지금이 기회라고 생각한 에스티는 다음번에 자신의 제품을 몇가지 가져올 것을 약속했다. 그녀는 한 달이 채 지나기 전에 다시 살롱에 나타났다. "두근 거리는 가슴으로 화장품 4통을 가져갔다. 그것이 시작이었다." 훗날 에스티는 말했다.

에스티는 눈코 뜰새 없이 바쁜 모리스 부인에게 5분을 허락받고, 제품을 보여주며 사용법을 설명했다. 먼저 부드러운 클린징 오일을 바른 다음, 크림팩에 이어 이미 유명해진 '슈퍼리치 크림'을 바르고, 마지막으로 가벼운 로션을 발랐다. 그후 이제 막 존 삼촌과 함께 새로 개발한 파우더로 마무리했다. 뺨과 입술에도 테스트를 막 마친 새로운 글로우를 조금씩 발라 홍조를 띠게 했다. 거울을 들여다본 모리스 부인은 아무 말도 하지 않았다.

한참 후 그녀는 "이스트 60번가 39번지에 새로 살롱을 열었는데, 그곳 미용 특판점을 맡아 해보실 의향이 있으세요?" 라고 물었다. 에스티는 속으로 환호성을 질렀다. '이제 내 제품을 내다버리지 않고, 드디어 돈을 벌 수 있게 되었구나!' 대답은 물론 "예스"였다.

에스티는 작은 판매대를 하나 얻는 대신 세를 내야 했다.

그것이 유일한 위험요인이었다. 자신이 버는 것은 모두 자신의 수입이었다. 이제 고상한 화장품 용기가 필요했다. 그녀는 오색빛이 영롱하게 반사되는 흰 오팔 유리병에 까만 뚜껑이 어우러진 용기를 잔뜩 샀다. 그녀의 삼촌은 그때까지 아내 플로라나의 이름으로 크림을 팔고 있었지만, 에스티는 상표에 자신의 이름을 쓰고 싶었다.

로더 부인이 공식적으로 데뷔한 것이다. 30세가 가까운 나이에 그녀는 새로운 일에 전력을 쏟아부었다. 머리손질을 하러 온 고객들이 두건을 쓰고 지루해 하며 앉아 있는 동안, 에스티는 공짜로 크림을 발라주었다. 그들이 머리손질을 마치기 전에, 싫다는 말을 꺼내기 전에 약간의 메이크업을 재빠르게 끝내버렸다. 따뜻한 느낌을 주는 볼연지, 허니 글로우 분, 터키 풍의 아이섀도를 조금 바르고 마지막으로 진주처럼 하얀 치아를 돋보이게 해주는 립스틱 '크림슨 공작부인'을 발라주었다.

손님들은 하나같이 거울에 비친 자신의 모습에 놀라워하며, "도대체 무엇을 어떻게 쓴 거예요?"라고 물었다. 그때마다 에스티는 황홀한 기분이 되어 그들에게 제품의 목록을 주었고, 이를 본 대부분의 손님들은 크림이나 메이크업 제품 한

두 개씩을 구입했다.

에스티는 또다른 독특한 판매전략을 썼다. 그녀 자신도 이를 두고 '판매 쿠데타'라고 불렀는데, 바로 팔리지 않는 제품을 샘플로 만들어 선물한 것이다. 분 몇 스푼과 립스틱, 볼연지를 밀랍봉투에 각각 조금씩 담아놓았다가, 물건을 사는 손님은 물론이고 전혀 사지 않은 손님에게도 나눠주었다. 집에서 샘플을 발라본 손님들이 좋다고 생각하면 틀림없이 다시 올 거라고 확신한 것이다. 에스티는 이미 장사하는 법을 알고 있었다.

이러한 판매전략을 주도한 사람은 에스티였지만, 에이번 사에서는 자사 창립자인 데이비드 맥코넬이 처음 시도했다고 주장했는데, 이 말이 맞을 수도 있다. 맥코넬의 성공은 성서 판매에서 시작되었는데, 이때 작은 향수병을 선물로 주면 여성들에게 접근하기가 훨씬 더 쉬웠다. 그후 맥코넬은 성서는 그만두고 향수만 팔기로 결정했다. 그가 처음으로 상품목록을 만든 것은 1896년이었다.

에스티의 고객이 계속 늘자 모리스 부인은 대단히 만족해 했다. 다른 살롱에서도 제품 시연회를 열자고 제의해 왔다. 혼자 여러 살롱을 드나드는 일이 힘들게 되자, 그녀는 구인광고를 냈다. 판매직에 20명 이상의 여성이 지원했다. 에스티는 매우 독특한 그녀만의 판매방식, 즉 여성고객에게 서비스하는 방법을 교육시켰다. 매일 감독하느라 한시도 쉴 틈이 없었다. 그녀는 매일 오전 9시부터 저녁 6시까지 잠시도 쉬지 않고 일했다.

에스티가 몇년에 걸쳐 보낸 휴가라고는, 리도나 롱아일랜드의 그랜드 호텔에서 보낸 몇 주일뿐이었다. 그녀는 이를 농담 삼아서 '노동 휴가'라고 불렀다. 그곳에서 그녀는 휴가를 즐기러 온 사람들에게 피부손질법 등 미용에 관한 전반적인 지식을 일러주었다. 그녀의 제품에 관심을 보이는 투숙객도 몇몇 있었다. 매니저는 다음해에 화장품 시연회를 다시 열자고 제의했다.

겨울철에는 고객의 집을 직접 방문했다. 브리지 게임을 하려고 모인 집주인의 친구들에게까지 화장을 해주고 더 많은 크림을 팔았다.

한편 남편 조는 어쩔 수 없이 집에 있으면서 레너드를 돌보고 가사일을 하게 되었다. 여기저기에서 그녀의 성공 이야기가 오갔지만, 그녀의 성공이 조의 성공은 아니었다.

"나는 계속 앞을 향해 나아갔어요. 물론 조가 마음에 들어하지 않는 일이 많았기에, 그를 피해야 하는 상황도 있었습니다. 어느 면으로는 그의 조용한 성품 때문이기도 하지요. 조는 침착하고 밝은 성격이었지만, 나는 수은처럼 잠시도 가만히 있지를 못했어요"라고 에스티는 말했다. 하지만 조가 없으면 훨씬 더 멋있고 자유로운 삶을 누릴 수 있을 거라는 친구들의 말에, 자신이 영향을 받았다는 점도 시인했다. "나는 마음속 깊이 그를 사랑했지만 초조했습니다. 그래서 그보다 훨씬 앞서 나아갔어요."

조는 이 시절 그들의 관계에 대해 농담조로 이렇게 말한 적이 있다. "우리는 타협을 했습니다. 그녀가 가는 곳이면 내가 갔지요. 우리는 언제나 그랬어요."

격정적인 대화를 수없이 나눈 후 '정신적 고통'을 이유로 에스티는 이혼을 제기했고, 조는 무거운 마음으로 이에 동의했다. 1939년 4월 11일, 플로리다 마이애미 비치에서 법적으로 이혼이 이루어졌다. 이후 4년 동안 에스티는 팔자 늘어진 상류층 사람들이 드나드는 온천장과 뉴욕의 사업체 사이를 시계추처럼 오갔다. 그녀의 짐 속에는 늘 삼촌의 제품이 들어 있었다.

이때까지도 예전의 부부관계는 지속되는 듯했다. 아빠를

신처럼 떠받드는 레너드 때문이었다. 이 시절 에스티는 많은 남자들을 알게 되었는데, 그중 2명과는 가깝게 지냈다. 하지만 그녀의 전기에는 한 남자의 이름만 언급되어 있다. 그는 찰스 모스코비츠로, 메트로 골드윈 마이어의 매니저였다. 모스코비츠는 한때 배우의 꿈을 키웠던 그녀에게 '할리우드, 스타, 화려한 조명' 등의 매혹적인 세계를 보여주기도 했다. 게다가 그는 '구식으로 멋있게' 청혼도 했다.

리 이스라엘의 『마술을 넘어서 Beyond the Magic』에 따르면, 그녀의 또다른 한 남자는 아널드 루이스 반 아메링겐으로, 에스티보다 16세나 많았다고 한다. 네덜란드 출신의 이 기혼남은 그 시절에 이미 하나의 전설 같은 존재였다. 그는 여러번의 합병을 통해 국제향료향수주식회사 IFF의 회장이자 대표가 되었고, 미국뿐 아니라 세계 최대의 향수 및 향료 생산자로 꼽혔다.

그는 향수 '유쓰 듀 Youth Dew'를 만들어 에스티에게 선물했는데, 에스티는 훗날 이 제품으로 대성공을 거두었다. 유쓰 듀는 아메링겐의 직원인 어네스트 쉬프턴이 개발한 것으로, 한때 그는 '미스터 코'로 불릴 만큼 유명했다. 때문에 에스티가 아메링겐에게서 여러 가지 향, 배합, 성분 등에 대해서

많은 것을 배웠으리라는 추측은 어렵지 않다. 원료구입 자금이 충분치 못하던 시기에, 그의 회사가 그녀의 신용을 보증해 주었던 것은 확실하다. 훗날 그녀는 충분히 보상했고, 아메링겐에게 가장 확실하고 중요한 고객이 되었다.

에스티와 아메링겐이 헤어진 이유는, 그가 자신의 아내 헤드빅과 이혼하려 하지 않았기 때문이라고 몇몇 사람들은 말한다. 이에 대해 에스티는 전적으로 모든 친분관계가 그저 낭만이었을 뿐이라고 주장한다. "그 당시 열정적인 연애라는 것은 생각할 수조차 없었어요. 자유로운 성관계와는 아주 거리가 멀었지요."

에스티는 여러 가지로 기분전환을 시도했지만, 자신이 여전히 조를 생각하고 있으며, 그의 편안하고 확고한 태도를 그리워하고 있음을 깨달았다.

트렌드의 대변혁

헬레나 루빈스타인

미의 선도자, 열정적인 예술품 수집

엘리자베스 아덴

아덴의 전성시대, 패션과 경주마에 도전하다

에스티 로더

명품점인 최고급 백화점을 공략하라

여성의
사회활동이
보편화되다

트렌드의 대변혁

여성들은 전시에도 아름다운 모습을 유지하고자 최선을 다했지만 그것은 물론 쉽지 않은 일이었다. 전쟁이 끝나 재건이 시작되었고 '어퍼 스타일(뒷머리를 빡빡하게 빗어 올린 헤어스타일 – 옮긴이)'이 표준형이 되었다. 많은 남자들이 전쟁에서 죽거나, 아직 포로로 잡혀 있었기 때문에 재건은 주로 여성의 몫이 되었다.

여성은 신분의 고하를 막론하고 너나 할 것 없이 일에 뛰어들었다. 소매를 걷어붙이고 일하면서 더러운 먼지로 모발이 손상되지 않도록 일종의 터번을 머리에 둘렀다. 따라서 수건과 스카프의 수요가 급증했다. 터번은 일할 때도 유용하고, 저녁모임에는 모자 대신 사용할 수도 있었다.

남자들의 군복을 잘라 외투를 만들고, 침대시트로 원피스를 만들고, 낡은 모직담요로 치마를 만들었다. 저녁에는 실크

스타킹을 신는 대신 눈썹연필로 맨 다리에 재봉선을 그려 넣었다.

기업은 이러한 여성들의 욕구에 부응했다. 엘리자베스 아덴은 잘 지워지지 않는 다리용 특수 메이크업을 시판했다. 실크 스타킹을 신은 것처럼 보이게 하는 '벨바 레그 필름 Velva leg Film'은 칠하기 쉽고 건조도 빨랐다.

그러나 곧 미국에서 나일론 스타킹이 개발되었다. 이것은 실크 스타킹보다 값이 싸고 질겼지만, 실크 스타킹과 마찬가지로 불투명했다. 독일 패션업계는 아직 회복단계였던 반면에 프랑스는 이미 호경기로 치닫고 있었다.

크리스찬 디오르는 1947년 경사가 급하게 떨어지는 둥근 어깨선과 길고 풍성한 치마로 '뉴룩 New Look'을 선보였다. 이 패션은 젊은이들에게 즉각적인 호응을 얻었다. 상류층 부인복의 치마는 더 길어졌지만, 어깨는 여전히 넓었다. 이에 기성복업계는 옷감소비가 늘어 즐거워했다. 1949년에 패션 디자이너들은 다시 길이가 짧은 치마를 선보였고, 세로주름을 가로줄 무늬와 리본으로 대체시켰다. 평상복에서는 카프리 바지와 굽 낮은 신발이, 수영복에서는 끈 없는 비키니가 유행을 이끌었다.

‘뉴룩’이 등장한 이후 20년대의 짧고 단정한 머리가 다시 유행하여 전세계에 퍼졌다. 또한 여성의 몸매를 완벽하게 가꾸기 위한 다양한 기구가 발명되었다. 전기 제모기로 아프지 않게 털을 제거할 수 있게 되었고, 자석이 장착된 마사지 기구로 다리를 문지르면 불필요한 지방층이 제거되므로 마음마저 가벼워진다고 선전했다. 2개의 롤러 사이에 다리를 끼워 넣으면, 증기 다리미의 원리에 따라 롤러가 위아래로 움직인다는 이 기구는 오히려 고문기계에 가까워보였다.

1948년 베를린에서는 독일 최초의 미인선발대회가, 뒤셀도르프에서는 최초의 패션쇼가 열렸다. 1950년 바덴바덴에서 열린 미인대회에서는 수잔네 프릭센이 최초의 미스 독일로 뽑혔다. 1949년에는 격주로 발행되던 여성잡지 『콘스탄체』(1948년 베를린에서 창간, 1954년 여성지 『브리기테 Breigitte』가 인수했다)에 최초 성형수술에 대한 연재기사가 실렸다.

“오늘날 직장여성은 젊고 생기발랄해야 하거나, 적어도 그렇게 보일 필요가 있다는데, 누가 이의를 제기하겠는가?”

같은 해 『콘스탄체』의 독자 투고란에서 한 여성독자는 여성 대통령이 나와야 한다고까지 주장했다.

몇몇 패션 디자이너들은 자신이 개발한 향수에 이름을 붙일 때 코코 샤넬을 따라 했다. 즉, 소박하게 보이도록 자신의 이름을 붙였던 것이다. 그리하여 '마담 로샤Madame Rochas' '미스 발맹Miss Balmain' '미스 디오르Miss Dior' 등이 탄생했다. 하지만 이런 이름은 유혹적이기보다 평범하고 단순한 느낌이 들며, 주부나 학자풍의 분위기를 풍겼다.

베스터란트의 요양소에는 '메이크업 룸'이 설치되어 그곳에서 피부관리도 하고 향수도 팔았다. 더운 여름철에는 햇볕에 익은 피부를 진정시키는 데 '쾰니쉐 바서Kölnisch Wasser'와 '라벤델 오데르Lavendel oder'가 주로 사용되었다.

리츠의 찰스는 1947년에 이미 피부색에 맞게 여러 가지 색조가 섞여 있는 파우더를 시장에 출시했다. 한가지 아이디어 상품이 출시되면 얼마 지나지 않아 다른 회사가 이것을 바탕으로 더 좋은 제품을 내놓았다.

헬레나 루빈스타인
– 미의 선도자, 열정적인 예술품 수집

헬레나와 아르칠은 1940년 5월 독일군이 파리에 진군했을 때에야 비로소 맨해튼 행 마지막 배에 몸을 실었다. 헬레나의 귀중한 미술수집품은 물론, 포부르 생 오노레의 우아한 살롱, 생 루이 섬의 대저택, 콩스빌의 오래된 물레방아, 그라스의 '매종 블랑쉬' 등 모든 것을 독일군에게 넘겨주어야 했다. 보석과 귀금속들만 짐꾸러미 여기저기에 나누어 넣어 가져갈 수 있었다.

2주일 후 뉴욕에 도착하자 군복 차림의 두 아들이 그들을 맞이했다. 당시 두 아들은 자원입대했던 것이다. 둘째아들 호라스는 자신의 두 아들 토비와 배리를 파크 애비뉴에 있는 어머니 집에 맡겼다. 헬레나는 14층 건물의 꼭대기 3개 층을 썼다. 방이 30개, 욕실이 8개 있었다. 처음에 그녀는 주거공간만 빌리고자 했으나, 이유를 모른 채 임대를 거절당했다.

그 이유가 집주인이 유대인에게는 집을 임대하고 싶어하지 않기 때문이라는 사실을 알게 되자, 헬레나는 아예 건물 전체를 사버렸다.

그녀가 소장한 그림들은 맨 위층에 두었고, 그 아래는 응접실, 그리고 그 아래층에 침실이 있었다. 모든 방은 엘리베이터나 대리석 나선형 계단으로 통해 있었고, 거실은 3층짜리 궁전의 중심에 있었다. 말년의 헬레나는 넓은 거실에서 주로 생활했다.

플렉시 유리(비행기에 쓰이는 특수 유리 - 옮긴이)로 만든 투명한 침대와, 마찬가지로 투명한 재질의 가구로 거실을 꾸몄고, 욕실에는 황금 수도꼭지를 달았다. 그녀는 거실에서 연꽃모양의 의자에 앉아 직원들과 이야기하기를 좋아했다. 거대한 응접실은 수많은 화분으로 장식하였고, 바닥은 흑백의 대리석으로 반짝거렸다.

인도네시아 산 가구도 몇개 있었다. 이 가구들은 거울 같은 바닥에 비쳤다. 거대한 벽난로가 거실을 압도했고, 벽에는 거울과 아프리카 가면들로 장식했다. 바닥에는 후앙 미로 작품인 생동감 있는 초록빛 양탄자를 깔고, 그 위에 손으로 조각한 빅토리아 시대 의자들을 20개쯤 놓았다. 의자 사이사이에 중국산 자개 장식의 보조탁자를 놓고, 1미터 높이의 짙푸른 오팔 꽃병과 동양의 한 섬에서 가져온 조각상들, 그리고 터키제 황금램프 등으로 탁자 위를 장식했다.

사방 벽에는 각종 그림이 빽빽이 걸려 있었다. 그중에는 마티스, 샤갈, 피카소, 달리, 그리스의 작품도 있었다. 마담 루빈스타인의 컬렉션에서는 질보다 양이 중요했다. 1942년 마담은 달리에게 오랫동안 친구들과 브리지 게임을 즐기며 휴식을 취하던 오락실의 벽에 그림을 그려달라고 부탁했다. 모두 3점이었는데 '매우 절제되고 우아한 양식'으로 아침, 점심, 저녁을 표현한 대작이었다. 모르긴 해도 거실의 다른 벽에도 유명하든 유명하지 않든 여러 화가들의 그림으로 채워져 있었을 것이다.

달리는 그의 전기 『달리 같은 대가 되기So wird man Dali』에서 마담 루빈스타인에 대해 썼지만, 별도의 장을 마담에게 할애하지 않은 것으로 보아, 그녀를 크게 존경한 것 같지는 않다. 마담의 청탁에 대해 그는 이렇게 말하고 있다.

"그녀의 살롱 벽에는 7점의 르누아르, 2점의 모딜리아니, 1점의 로트렉 작품이 걸려 있었다. 이들 작품 가까이에 내 프레스코화를 그리기로 되어 있었다. 나는 미로의 양탄자 위를 걸어다니며 주변에 걸려 있는 브라크, 샤갈, 드랭, 그리스, 마티스, 피카소, 루오의 그림을 보고 혼잣말로 중얼거렸다. '내 것만 빼고, 이 시대 화가들의 졸작만 소장하고 있군.'"

"그때는 전쟁이 끝없이 이어지는 끔찍한 나날이었다"라고 헬레나는 회상했다. 뒤이어 런던의 살롱이 포격에 파괴되었다는 소식이 들려왔다. 다행히 인명 피해는 없었다. 얼마 지나지 않아 여동생 체스카는 무사히 뉴욕으로 올 수 있었지만, 고향 크라카우에 남아 있던 또다른 여동생 레기나는 나치에게 처형당했다. 헬레나의 회사에서 일하던 조카 오스카 콜린은, 독일 포로수용소에서 기적적으로 풀려나 프랑스 비밀저항군에 가담했다.

유럽에 남아 있는 가족과 친구들에 대한 걱정이 밀려왔지만 그녀는 일에서 손을 떼지 않았다. 그녀에게 있어 일은 생각을 다른 곳으로 돌리는 가장 좋은 수단이었다. 2차세계대전 발발 후 루빈스타인은 남아메리카로 눈을 돌렸다. 1940년 브라질 리우데자네이루에 살롱을 열고, 3년 후에는 아르헨티나 부에노스아이레스에도 살롱을 개업했다.

이 시절 그녀는 약 160개 품목의 생산을 계획하고 있었다. 전쟁중의 알코올 부족을 타개하기 위해, 그녀는 알코올이 필요없는 고체 코롱과 크림타입의 향수제조법을 개발했다. 또한 엘리자베스 아덴과 마찬가지로 '스타킹 메이크업'을 출시하기도 했다.

1942년은 헬레나 루빈스타인의 광고가 최고의 히트를 기록한 해이기도 하다. 그녀는 5번가 상공에 수천 개의 파란 풍선을 띄워 '헤븐 센트Heaven Scent' 향수를 선전했다. 각각의 풍선에는 샘플병과 '하늘이 내린 선물'이라는 문구를 적은 명함을 달았다. 이는 헬레나에게 100만 달러의 수입을 가져다준 획기적인 광고 아이디어였다.

그즈음 루빈스타인은 세상의 절반인 남자들도 화장할 때가 되었다고 생각했다. '남자들도 훨씬 더 멋있어질 수 있을 것'이라고 판단한 그녀는 남성용 제품의 홍보를 강화하기로 결정했다. 헬레나의 남편 아르칠은 사업에 크게 관여하지는 않았지만, 새로운 사업을 위해 그의 귀족 성을 사용하도록 허락하였다.

세인트 레지스 호텔 근처 그녀의 살롱 한쪽 모퉁이에 있는 작은 집을 사들여, '하우스 오브 구리엘리 The House of Gourielli'로 개조했다. 그리고 1942년에 남성과 여성을 위한 고가의 새로운 브랜드를 선보였다.

그사이 30세를 넘긴 둘째아들 호라스는, 광고대행회사를 설립하여 어머니 회사의 광고를 제작하고 있었다. 수줍음 많고 소극적인 호라스는 차라리 예술가라고 하는 편이 더 나을 것이다. 때문에 어머니와 아들 사이의 갈등은 평생 지속되기도 했다. 두 사람의 관계는 최상의 상태와 최악의 상태를 오갔다. 반면 그의 형 로이는 주변사람을 좋아하고 일도 좋아했다. 로이는 결혼하여 딸을 하나 두었는데, 어머니의 이름을 따서 헬레나라고 불렀다.

1945년 일본이 항복하자 헬레나 루빈스타인은 파리 행 배편을 예약했다. 아르칠은 될 수 있는 한 빨리 뒤따라오겠다고 약속했다.

파리를 다시 보자 헬레나의 가슴은 터질 것만 같았다. 경찰을 통해 옛 직원들과 친구들의 행방을 수소문했다. 하지만 많은 사람이 이미 영원히 사라지고 없었다. 그리고 생 루이 섬의 저택은 그곳을 점거했던 독일군에 의해 끔찍하게 파괴되어 있었다.

"귀중한 조각상들을 공식 사격훈련에 쓴 것이 분명했다. 가구의 일부는 사라졌고, 다른 조각들은 심하게 손상되어 있었다. 나치가 후퇴하기 직전, 내 가구를 창문으로 내던질 때는 화가 머리끝까지 치솟았다. 성인들이 그렇게 파괴적으로 분노를 터뜨린다는 것은 있을 수 없는 일이다. 모든 시설들이 다 사라졌다. 욕조, 세면대, 변기들도 모두……."

그녀는 울분을 터뜨렸다. 토대만 남은 옛 물레방아는 더욱 처참했다. 그녀는 두 집을 차츰차츰 복구해나갔다. 다행히 아파트는 어느 정도 살 만했다.

몇년 후 작가 앙드레 말로가 헬레나의 집을 방문하여, 축구장만큼 넓은 옥상 정원에서 파리의 파노라마를 보며 감탄했다고, 헬레나의 개인비서 패트릭 오히긴스는 회고한다. 헬레나는 조각상에 난 총구멍을 가리켰다.

"전쟁중에 괴링도 이 집에 관심을 보였어요. 하지만 로스차일드의 저택이 그의 취향에 더 맞았지요. 그래서 자신의 부하에게 이 집을 주었는데, 그가 여기서 이렇게 미치광이처럼 날뛴 거죠." "그럼 당신은 독일군이 철수할 때, 그들에 대해 어떤 생각이 들었습니까?" 말로가 물었다. "군인은 군인이지요. 독일군이나, 러시아군이나, 미군이나, 심지어 프랑스 군인들도…… 군인들은 모두 파괴적이에요." "독일에서 사업을 다시 시작하실 겁니까?" "물론이지요. 왜 안 하겠어요? 사업은 사업이지요. 독일 돈이라면 더욱 좋습니다."

여러 달이 지난 후에야 그녀는 파리의 살롱을 다시 운영할 수 있었다. 그동안 그녀의 살롱은 독일인이 계속 경영하다가 물자부족으로 휴업하더니 결국 폐업했었다. 그녀는 자신이 법적 소유주임을 증명하기 위해 산더미 같은 서류들과 싸워야 했다. 유대인의 재산이 타인의 손에 넘어가는 것을 막기 위한 전후 임시정부의 보호조치였다.

제품생산을 위해 토지를 확보하고, 원료를 구하고, 엄청난 규모로 수리해야 했다. 아들 호라스가 그녀를 도우러 왔지만, 안타깝게도 아르칠이 오기까지는 시간이 더 걸려야 했다. 그녀는 남편 아르칠에 대한 마음을 이렇게 표현했다.

"그를 다시 만났을 때 내가 얼마나 그를 원하는지, 또 그의 침착한 태도와 부드러운 미소, 따뜻한 보살핌 등이 내게 얼마나 소중했는지 예전보다 더욱더 잘 알게 되었지요."

헬레나의 다음 걱정은 런던이었다. 그녀는 1947년 버클리 광장 48번지에 임시 거처를 마련하고, 그곳에서 일반적인 피부관리와 마사지 외에 산소치료, 전기토닉 치료를 제공했다. 하지만 그 집은 공간이 협소해 그녀의 성에 차지 않았다. 때마침 그녀는 믿기 어려운 행운을 만났다.

그래프턴 가에서 18세기에 지은 멋진 집을 발견한 것이다.

그곳은 전쟁 때 포격으로 부서진 자신의 살롱이 있던 거리였다. 그리고 이웃 14번지에는 위대한 향수제조 전문가 게를랭이 살고 있었다.

그녀는 향수 '그린 벨벳Green Velvet'과 자신이 개발한 파우더 '실크 페이스Silk Face'를 출시했다. 이 파우더는 특히 피부에 잘 스며들어 번들거림을 없애주었다. 이밖에도 옷빛깔이 아니라 머리색에 맞춘 립스틱을 새로 출시하여, 4개를 한 묶음으로 혹은 낱개로 판매했다. 바로 그 시기에 맥스 팩터도 같은 제품으로 3종 세트를 출시했다. 누가 누구를 모방했는지는 밝혀지지 않았다.

엘리자베스 아덴

– 아덴의 전성시대, 패션과 경주마에 도전하다

1940년 6월 프랑스는 전쟁에서 패배했다. 엘리자베스는 온통 파리에 있는 여동생 글래디스 걱정뿐이었다. 얼마 전부터 그녀는 글래디스에게 파리를 떠나라고 간곡히 애원했지만, 여동생의 마음을 바꿀 수는 없었다. 글래디스는 자신이 사랑하는 도시 파리와 남편 앙리 드 모블랑 곁을 떠나고 싶지 않았다. 그녀는 프랑스에 있는 자기 소유의 회사를 남편 명의로 바꾸었다. 프랑스를 점령한 독일은 비쉬 정부를 내세웠는데, 다행히 남편은 비쉬 정부와 원만한 관계를 유지하고 있었던 것이다.

물론 처음에 엘리자베스는 글래디스의 뜻에 완강히 반대했다. 사실 엘리자베스는 앙리를 좋아하지도, 신뢰하지도 않았다. 그러나 앙리는 수완이 뛰어나 불안한 시기에도 회사를 잘 지킬 수 있었다.

글래디스는 나치에 우호적인 남편 앙리와 태도를 달리했
다. 1940년 결국 그녀는 격리수용된 연합군 조종사들의 도주
를 도와준 죄로, 북독일의 라벤스브뤼크 강제수용소에 수용
되었다. 이 소식을 들은 엘리자베스는 충격으로 제정신이 아
니었고, 자작인 앙리에게 글래디스를 구해달라고 간청했다.
앙리가 취할 수 있는 모든 방법을 동원하는 동안, 그녀는 일
에 몰두함으로써 불안감을 달랬다.

전쟁 동안 엘리자베스는 여성을 상대로 한 '아덴 성공 프
로그램'을 개설했다. 이 프로그램은 전쟁으로 인한 남성 부
재의 시기에 여성의 새로운 역할에 대비하게 하려는 취지였
다. 이 프로그램의 회비는 40달러였으며, 일주일에 두번씩
10회 모였고, 1회에 2시간 수업이었다. 이 프로그램에는 의
상이나 직업선택에 대한 정보뿐 아니라, 아덴의 일반 프로그
램 내용, 즉 섭생, 피부관리, 머리손질, 손관리, 메이크업 등
에 관한 것도 포함되었다.

1940년대 초 독일 여성지 『패션』과 『멋의 세계』는 독일인
사업가만 광고하던 것이 관례였지만, 꼭 한번 예외가 있었다.
바로 엘리자베스 아덴 살롱의 광고였다. 엘리자베스는 공과
사가 매우 분명한 사람이었다. 최대한 간략하면서 한결같은

엘리자베스의 광고문구는 이러했다. "나이를 알 수 없는 얼굴은 모든 여성의 소망! 엘리자베스 아덴 피부미용 살롱이 도와줍니다."

1943년을 마지막으로 베를린 주소록에 그녀의 살롱 주소는 더 이상 기재되지 않게 되었다. 전쟁중에 발행된 마지막 주소록이었다.

그 시기에 런던에서는 본드 가(런던의 일류 상점거리 - 옮긴이)가 미용타운으로 발전하고 있었다. 아덴이 싫어하던 경쟁자 도로시 그레이는 32번지에, 야들리는 33번지에서 각각 살롱을 운영하고 있었다. 아덴은 이 두 살롱에 크게 자극받았다. 이밖에 프랑스의 코티와 이녹사도 이 거리에 있었다.

엘리자베스는 미용사업뿐만 아니라 말에 관한 모든 일에 세세하게 관여했다. 특히 말을 구입할 때나 훈련시킬 때 그리고 경주할 때, 아덴은 직접 나서서 일을 처리했다.

그즈음 허스트 신문사의 권위 있는 매니저 톰 화이트와의 열렬한 로맨스도 끝이 났다. 톰은 기혼자인데다 가톨릭 신자였으므로, 엘리자베스는 심리적으로 위기감을 느꼈고, 모든 것이 답답하게 느껴졌다. 언젠가 종교에 대해 그녀는 이렇게 말했다. "유대교나 가톨릭은 따분하다. 그러나 성공회(그녀의 교파)는 멋이 있다."

1942년 12월 30일 엘리자베스 아덴은 러시아에서 망명해 귀화한 미하엘 에블라노프 왕자와 결혼했다. 완벽한 멋쟁이였던 왕자는 아덴의 이상형이었다. 그는 자상하고 재미있는 사람이었고, 상류사회의 사교계에서도 흠잡을 데 없는 매너를 자랑했다.

왕자는 아덴을 최고급 레스토랑에 데려가 그녀의 기분을 맞춰주었고, 일자리든 돈 문제든 감정 문제든 어떤 일도 절대로 그녀에게 부탁하거나 요구하는 일이 없었다. 섹스에서도 마찬가지였다. 여기에 대해 엘리자베스가 단지 화이트와의 이별로 인한 상처를 잊기 위해 왕자를 만났을 거라고 추측하는 사람들도 있다. 또 어떤 이들은 전쟁으로 남자가 부족했기 때문에, 왕자는 쉽게 엘리자베스의 마음을 얻을 수 있었을 뿐이라고 말한다.

어쨌든 당시 그녀의 나이는 64세였으니, 남자는 몰라도 자신에 대해서는 잘 알 나이였다. 에블라노프는 그녀보다 17세 연하였고, 자칭 경제적으로 독립해 있었으니 엘리자베스를 기쁘게 해주기에 충분한 존재였다. 그런데 이게 웬일인가. 머지않아 엘리자베스에게 청구서가 날라오기 시작했다. 심지어 그가 그녀에게 선물한 꽃값까지 청구되었다. 또한 노벨 박사가 러시아에서 도주할 때 도와준 데 대한 감사의 뜻으로, 스웨덴의 노벨 박사 개인신탁금에서 매달 자신의 계좌로 송금된다는 에블라노프의 말은, 모두 거짓으로 드러났다. 에블라노프가 잠깐 동안 노벨의 비서로 일한 적은 있었다.

그 말이 거짓이든 사실이든, 엘리자베스는 별로 신경 쓰지 않았다. 당시 그녀는 자신의 라이벌인 헬레나 루빈스타인을 무조건 따라잡으려 했고, 그런 입장에서 에블라노프의 왕자라는 타이틀은 더할 나위 없이 좋은 것이었다.

두 사람은 바하마의 나소, 애리조나의 피닉스로 신혼여행을 떠났다. 엘리자베스는 자기들이 떠나 있는 동안 서재를 에블라노프의 침실로 개조하라고 지시했다. 반드시 한방에서 잠을 자라는 법은 없지 않은가. 그러나 신혼여행중에 무슨 생각이 들었는지, 그녀는 공사를 중단하라고 전보를 쳤다. 미스 아덴이라는 서명을 덧붙여서.

13개월도 못 되어 그들의 결혼생활은 종지부를 찍고 말았다. 1944년 2월에 이들은 이혼했다. 이번에도 이혼 사유는 정신적 학대였다. 이혼 후 그녀의 삶에 톰 화이트가 다시 등장한다. 그녀는 기뻤지만, 그와 함께 한 지난 세월은 이미 돌이킬 수 없는 과거사였다. 하지만 동업자로서는 적절한 시기에 그가 나타났다고 할 수 있다.

프랑스의 패전과 파리 패션회사들의 파산은, 1943년 엘리자베스가 패션업계에 도전할 수 있는 새로운 계기를 마련해 주었다. 엘리자베스는 이 일을 위해 오랜 친구인 찰스 제임스를 영입했다. 그는 전력을 다해 브랜드를 디자인했다.

이것이 제임스가 기획한 유일한 브랜드였는데, 지금까지도 아주 훌륭한 브랜드로 전해진다. 이것을 디자인한 후, 그는 엘리자베스의 변덕에 두손 두발 다 들고 말았다. 후에 두 사람은 화해하고 아덴이 제임스 아들의 대모가 되어주기도 했지만, 그는 두번 다시 그녀와 일하지 않았다.

파리가 해방된 지 겨우 4일이 지난 1944년 8월 29일, 아덴 살롱은 프랑스 여성을 위해 다시 문을 열었고, 해외뉴스를 통해 미국에도 이 소식이 전해졌다. 미국에 있던 엘리자베스는 여동생 소식을 듣기 위해 즉시 앙리에게 전화를 걸었다. 앙리는 인맥을 통해 여러 모로 손을 써보았지만 단지 덜 혹독한 비텔 수용소로 옮길 수 있었을 뿐, 그녀를 석방시킬 수는 없었다고 말했다.

9월이 되자 연합군이 비텔을 점령하여, 마침내 글래디스는 자유의 몸이 되었다. 엘리자베스는 그리운 동생과 전화통화를 할 수 있었다. 그런데 동생의 목소리가 좋지 않아 다그쳐 물으니, 글래디스는 언니가 좋아하던 시골집을 팔 수밖에 없었다고 울면서 말했다. 엘리자베스가 놀라서 이유를 물었다. "농부들이 앙리가 나타나기만 하면 죽이려고 벼르고 있어. 그이를 미워하지 마. 난 그 사람 없이 살 수 없어."

1945년 초, 65세의 글래디스는 다시 새로운 일을 맡을 수 있을 만큼 원기를 회복했다. 엘리자베스는 전후 최초로 프랑스의 새로운 패션을 뉴욕에 선보일 계획이었다. 글래디스는 이 일을 함께할 젊고 유능한 디자이너를 물색하여 미국으로 보냈다.

그가 바로 안토니오 카스티요였다. 그는 프랑스 인이 아니라 스페인 마드리드 출신이었지만, 이미 샤넬 같은 큰 회사에서 일한 경력이 있었다. 카스티요는 엘리자베스와 일하면서 맞춤복과 기성복을 포함하여 모두 9차례의 브랜드를 디자인했다. 첫번째 브랜드는 카스티요와 엘리자베스 두 사람에게 큰 성공을 안겨주었다. 하룻밤 사이에 카스티요는 패션잡지의 지면을 장식하는 스타로 급부상했다.

그사이 엘리자베스는 별관심도 끌지 못한 채 조용하게,

321,700달러를 주고 1세짜리 말 7마리를 구입했다. 그녀의 고문들은 이제 전쟁이 끝났으니 순수혈통 말의 가격이 급등할 것이라고 장담했다.

1945년 2세짜리 말들은 동급의 경주를 석권했고, 총 589,000달러의 우승 특별수당을 그녀에게 안겨주었다. 또 그 가운데 2마리는 2년생 말 선발대회에서 그해의 최우수마로 뽑히는 영광을 안았다. 메인 찬스의 말이 미국에서 최고의 상금을 받은 것이다.

1946년 1월 미국여성협회는 '이 달의 여성'으로 엘리자베스를 선정했다. 1946년 5월 6일 『타임』은 그녀를 사진과 함께 커버스토리로 다루었다. 기사내용은 오로지 그녀의 경주마에 대한 것이었다. 『타임』은 이렇게 쓰고 있다.

"그녀는 일주일에 2번 정도 경마장에 나타나 애마가 신선한 공기를 충분히 마시도록 하고, 한편으로 찬 공기를 너무 쐬지 않도록 돌본다. 그녀는 말들이 모기에 물릴까봐 모기장을 주문하기도 했다…… 워 데이트의 부어오른 무릎이 차도가 없자, 그녀는 손수 무릎을 마사지해주었다. 얼굴 마사지로 여러 여성들의 주름살을 없애주었던 그 손으로……"

그녀의 말들은 3세가 되어서도 탁월한 실력을 보여주었다.

1946년 미스 아덴은 처음으로 켄터키 더비 경마(1780년 이래 영국 엡섬 시에서 매년 열리는 경마대회로, 창설자 더비의 이름을 따랐다. 4세의 서러브레드 종 암수 혼합경기로, 다른 나라에서도 이 이름을 그대로 따르고 있다 - 옮긴이)에 말 3마리를 출전시켰지만, 그중 1마리도 우승하지 못했다. 그전 주말에 시카고 앨링턴 경마장 화재로, 메인 찬스 순혈종 23마리가 죽고 6마리만이 구조되었다. 그것은 경마 역사상 피해가 가장 큰 화재 중 하나였다. 원인은 밝혀지지 않았다.

구조된 말 중 하나인 제트 파일럿은 그날의 첫경기인 2년생 경주마 경기에서 2등보다 9개 구간을 앞서며 우승했다. 그리고 1년 후 엘리자베스에게 켄터키 더비 경마의 왕관이 주어졌다. 그녀의 부친이 이 모습을 보았다면 얼마나 좋아했을까! 틀림없이 자신이 이루지 못한 꿈을 딸이 이루었다고 대단히 자랑스러워했을 것이다.

이후 엘리자베스는 더 이상 더비에 나타나지 않았다. 그래도 그녀의 말들은 계속 좋은 수입을 보장해주었다. 제트 파일럿은 훌륭한 종마가 되었다. 제트 파일럿의 새끼 가운데 수컷인 6세의 제트 액션은 총 308,225 달러라는 어마어마한 수입을 엘리자베스에게 가져다주었다. 1957년 엘리자베스의 마구간에는 약 150마리의 경주마가 있었다. 그녀가 경마에서 사용한 색상은 분홍색, 흰색, 파란색이었다.

마구간에도 이 세 가지 색이 주조를 이루었다. 마구간에는 관상용 식물로 장식하고 잔잔한 음악을 틀어, 자신이 아끼는 애마들에게 친근한 분위기를 느끼게 해주었다. 마구간 관리인과 기수들은 그것만으로도 힘이 들었다. 더욱 참을 수 없는 것은 경주를 전후해서 사장인 엘리자베스가, 그들에게 순혈종 말들의 다리를 마사지해주라는 분부를 내렸을 때였다. 그것도 '에잇 아워 크림'으로.

어느 날 엘리자베스는 이 크림이 계속 없어져 이상하게 생각하던 중, 남자직원들이 향기가 좋은 이 값비싼 크림을 자신의 아내에게 가져다준다는 사실을 알게 되었다. 이때부터 그녀는 이 크림 대신 무향의 신제품을 사용하도록 지시했다. 어쨌든 마사지는 계속되었고, 오늘날까지 경주마 관리의 일반상식이 되고 있다.

1947년 그녀는 황량한 도시 애리조나의 피닉스에 두번째 메인 찬스를 개장했다. 이곳은 '겨울철 뷰티 농원'으로, 수북하게 눈이 쌓이고 기온이 영하로 떨어지는 겨울날에도 고객들은 이곳에서 따뜻한 햇살을 즐길 수 있었다.

처음부터 많은 돈을 들여 고급시설을 갖춘 새 뷰티 팜 역시 큰 성공을 거두었다. 대규모 정원을 꾸미는 일에는 아덴이 직접 관여하였다. 이번에도 애국심을 표현하는 빨간색, 하얀색, 파란색과 그녀가 좋아하는 분홍색으로 꾸몄다. 두 뷰티 농원은 시즌마다 4개월 간 오픈하고, 그사이 한달은 휴가를 가졌다. 그리하여 같은 직원이 양쪽에서 일할 수 있었다.

처음 엘리자베스가 도자기 집기와 침대보들을 이 농원에서 저 농원으로 옮겨다니는 것을 본 친구들은, 한 벌을 더 장만하면 수고와 비용을 줄일 수 있을 것이라고 일러주었다. 엘리자베스는 두 뷰티 농원을 대단히 자랑스럽게 생각했다. 뷰티 농원은 그녀의 환상적인 창작품이었다.

"뷰티 팜을 찾는 여성들은 훨씬 더 아름다워진 모습으로 그곳을 떠났다."

많은 여성지들이 뷰티 농원에 대해 보도했다. 미국판 『하퍼즈 바자』도 그중 하나였는데, 1947년 여기에 미시즈 콘스탄스 우드워스의 전면 사진을 실었다. 화려한 야회복 차림의 모습이었다. 이 사교계 여성은 『하퍼즈 바자』의 미용담당 편집자문위원이었고, 맹인을 위한 자선단체 '맹인의 등대' 이 사회에서 일하고 있었다. 25년 후 그녀는 미스 아덴에 대한 책을 쓰기도 했다.

엘리자베스는 측근의 남자들을 대대적으로 몰아내고, 오빠 윌리엄의 딸인 팻 영과 함께 일하게 되었다. 팻 영은 끝까지 고모를 도왔다. 팻은 두번의 결혼경력과 어린 아들이 있었다. 그녀가 가장 불행했던 시절, 그러니까 방향을 잃고 헤매던 시기에 엘리자베스는 그들을 거두었다. 팻은 고모의 집으로 거처를 옮겼고, 두 사람은 아주 가까운 사이가 되었다.

여러 면에서 엘리자베스와 비슷한 성품을 지닌 팻은 바로 1년 전에는 떠들썩했던 외국여행길에 동행하였고, 가끔 엘리자베스가 분노를 폭발시킬 때는 피뢰침이 되었으며, 특히 건강을 지켜주는 보호자, 외롭고 힘들 때 위로와 위안을 주는 벗이 되어주었다. 표면적으로 그녀는 불평 없이 모든 것을 잘 참아냈다.

또한 일부러 아이를 갖지 않았던 아덴에게 팻은 자식과 같은 존재였다. 엘리자베스는 그녀에게 아낌없는 모성애를 발휘했다. 가끔은 직원들에게도 모성애를 보여주곤 했다. 내색은 하지 않았지만, 그녀는 자신에게 충실한 사람에게는 큰 호의를 베풀었던 것이다.

에스티 로더

– 명품점인 최고급 백화점을 공략하라

로더 부부가 별거한 지 거의 4년이 지난 어느 날, 아들 레너드가 고열에 시달렸다. 볼거리인 것 같았다. 조는 급히 달려와 레너드의 침대 옆에 앉아 책을 읽어주었다. 놀랍게도 레너드는 저녁이 되자 원기를 회복했고, 엄마와 아빠가 함께 자기 곁을 지키며 걱정하는 것을 보고 얼굴 가득 화색이 돌았다.

그날 밤에 이어 이틀 동안을 조는 그렇게 지냈다. 그들은 한방에서 잤고, 결국 조는 에스티에게 대화를 청했다. 로더는 당시를 이렇게 회상하였다.

"'에스티, 우리가 무슨 짓을 하고 있는 거지?' 조가 물었다. 나는 곰곰이 한참을 생각했다. 내가 무슨 짓을 하고 있는 건가. 우린 함께 있어야 한다. 내겐 나를 사랑하고 내가 누구보다도 사랑하는 남편과 아이가 있다. 우리는 서로를 신뢰한다. 지금 곁에 있는 이 남자 없이 나는 아무것도 해낼 수 없다. 나는 내가 크게 잘못했다는 사실을 알았다. 나는 조에게 말했다. '용서해줘요.' 우리는 키스를 했다."

1942년 12월 7일 조와 에스티는 재결합했다. 에스티는 이번만큼은 조셉 로더의 아내 역할에 충실하고 싶었다. 조 역시 자신의 일을 포기하고 아내의 일을 돕기로 했다. 그가 재정과 실무를 담당하고, 에스티는 판매에 전념했다.

1년 후 총명하고 다정한 둘째아들 로널드가 태어나자, 두 사람의 관계는 더욱 친밀해졌다. 에스티는 이스트 60번가 39번지에 첫번째 사무실을 열었다. 처음 2년 동안은 매우 힘들었다. 빨리 성공하는 비법이란 없다. 비법이란 단지 신화일 뿐이라는 사실을 에스티는 체험을 통해 깨달았다.

"나는 먹는 시간보다 우는 시간이 더 많았다. 끊임없이 일이 생겼고, 모든 일에 세세하게 신경 써야 했다. 잠도 잘 이루지 못하고 근심걱정이 끊일 날이 없었다."

힘들게 일하는 에스티의 모습을 보고 가족과 친구들은 집안살림이나 돌보라며 하루가 멀다하고 그녀를 설득했지만, 명예욕이 강하고 목표가 분명한 에스티는 한순간도 사업을 잊지 않았다. 물론 여기에 약간의 행운도 따랐다.

에스티는 플로렌스 모리스의 살롱과, 앨버트&카터 살롱을 찾는 자신의 고객들에게 지속적인 정성과 마음을 기울였다. 그녀는 5번가의 명품점인 삭스 백화점에 꼭 입점하고 싶었다. 하지만 그곳 구매담당 직원인 로버트 피스크는 에스티의 브랜드를 받아들일 만한 이유를 찾지 못했다. 다른 회사의 제품들이 잘 팔리고 있었고, 로더 제품에 대한 수요는 그다지 많지 않았던 것이다.

그러던 어느 날, 에스티는 우연히 삭스 백화점의 구매담당 여직원과, 매니저 딸의 심각한 피부 트러블을 그녀의 크림팩으로 깨끗이 해결해주었다. 이 사실이 널리 알려진 것은 너무도 당연했다.

동시에 그녀는 대중들에게 영향력을 미치는 유명인사들에게 무료로 제품을 보내는 전략도 병행했다. 광고비를 대신하여. 모나코의 그레이스 켈리 왕비도 이 무료 샘플을 통하여 친구가 되었을 정도로 반응이 좋았다. 이들이 고급 백화점에 가서 로더 제품을 찾은 것이다.

에스티는 이에 만족하지 않고 끈질기게 로버트를 찾아갔다. 그때쯤 단골손님 사이의 입소문도 서서히 그 효과를 보기 시작했다. 삭스에 로더 제품에 대한 문의가 많이 들어온 데

다, 에스티의 집요함에 피스크는 마침내 두 손을 들고 말았
다. 그는 에스티에게 800달러어치의 상품을 허락했다. "할렐
루야! 우린 해냈어." 1946년의 일이었다.

경제공황은 로더에게 커다란 전환점이 되었다. 그녀는 삭
스에 전념하기 위해 다른 매장의 문을 모두 닫았다.

"그 매장들은 내가 이 분야에 첫발을 내딛게 해준 매우 고
마운 곳들이었다. 나는 그 매장들을 결코 잊지 못할 것이다.
그러나 삭스의 매장은 내 마음속에서 특별한 자리를 차지하
고 있다. 나에게 거대한 삭스의 성을 돌파했을 때가 가장 벅
찬 순간이었다."

삭스의 주문상품을 생산하기 위해서는 더 많은 공간이 필
요했다. 센트럴 파크 웨스트에 있는 첫번째 공장은 전에 레스
토랑을 하던 자리였다. 6개월치 월세를 선불로 지불해야 했
다. 큰 액수였지만 투자가치가 있었다. 부엌에서 가스버너로
끓인 물에 새 용기를 소독하고, 크림을 휘저어 용기에 담아
예쁘게 포장했다.

"우리는 모든 일을 직접 했다. 지금도 처음 시작하던 그때
를 떠올리면 가스버너가 생각난다."

에스티는 전에 쓰던 용기가 의약품처럼 보인다고 생각하여

새로운 용기를 마련했다. 이밖에 상표 때문에 빚어진 에피소드도 있다.

에스티의 고객 미시즈 네빈스는 장기여행을 떠나기 전에 슈퍼리치 크림 2통을 샀다. 당시는 방부제를 첨가하지 않은 천연원료만 사용했기 때문에, 에스티는 그녀에게 출발 전까지 크림을 냉장고에 넣어두라고 부탁했다. 저녁에 작별 파티를 연 미시즈 네빈스는, 다른 사람의 도움을 받아가며 부엌에서 샐러드와 드레싱을 준비하고 있었다. 그런데 한참 후에 보니 슈퍼리치 크림통이 비어 있는 것이었다. 크림통에서 상표가 떨어지는 바람에, 부엌일을 도와주던 사람이 크림을 마요네즈로 잘못 알았던 것이다.

미시즈 네빈스는 겁에 질려 한밤중에 에스티에게 전화를 걸었다. 친구들이 죽는 것 아니냐고 에스티에게 물었다. 에스티는 그녀를 안심시켰다. 다행히도 다음날 손님들은 전날의 그 맛있는 음식에 대해 찬사를 아끼지 않았다. 새 용기의 색깔은 짙은 파랑이었다. 분홍색이 아덴의 심벌이었듯이 파란색은 로더의 심벌이 되었다.

에스티에게 판매가 허용된 상품은 다목적 크림, 크림팩, 세안용 오일, 스킨로션으로 모두 4가지였다. 거기에 자체 개발한 몇가지 메이크업 제품이 추가되었다. 구매고객에게는 크림을 바른 후에 사용할 수 있는 분을 증정했다. 선물증정은 어쩔 수 없는 자구책이었다. 대대적인 광고를 할 형편이 못 되었기 때문이다.

고객을 끌기 위해 그녀가 고안한 또하나의 방법은 엽서였다. 엽서를 매장에 가져오면 작은 선물을 준다는 설명과 함께 모든 잠재고객들에게 엽서를 보냈다. 이 캠페인의 효과는 대단했다. 그녀는 삭스 백화점의 DM고객 관리자의 도움을 받아가며 소비자에게 직접 발송했다. 그 관리자는 에스티에게 반했던 것 같다. 관리자 비르츠는 이렇게 회상했다.

"로더는 대단한 여성이었다…… 나는 한 인간으로서 그녀를 좋아했다. 그녀가 얼마나 여성스러웠는지는 상상하기 힘들 정도다. 그녀는 날마다 부딪히는 남자들의 지배적인 태도에 대응하는 법을 알고 있었으며, 본능적으로 사람을 끄는 방법을 알고 있었다. 1950년대 초 우리는 그녀의 우편물을 처리해주었는데 그야말로 엄청난 양이었다."

이 엽서는 삭스 백화점 고객의 월말 청구서에 동봉되었다. 에스티에게 고객명단은 황금만큼이나 귀중한 것이었다. 삭스 백화점의 매장을 오픈한 지 겨우 이틀 만에 로더의 모든 제품이 매진되었다.

"이제 시작이다. 앞으로는 일의 연속이다. 끊임없이 여행을 다니며, 내 제품을 입이 닳도록 선전해야 한다. 나는 알고 있다. 내 제품이 최고 중의 최고라는 것을……."

에스티의 아들 레너드는 당시 어머니가 25주 동안 집에 들어오지 않았다고 기억했다.

1년 후, 드디어 에스티 로더는 자신의 회사를 설립했다. 남편 조셉의 이름이 아직 각종 서류에 등재되지 않았지만, 그는 변호사 입회하에 거행된 창업식에 14세가 된 레너드와 함께 참석했다.

그해 찰스 렙슨(Charles Revson, 화장품 회사 레블론의 창업자 - 옮긴이)이 화장품 시장에서 두각을 나타내고 있었다. 이 시기에 렙슨은 매니큐어만 생산하고 있었으므로, 아직 로더의 직접적인 라이벌은 아니었다. 레너드는 어머니에게 매니큐어 사업에도 뛰어들자고 제의했으나, 로더는 렙슨의 영역을 침범하지 않았다. 이는 매우 현명한 처사였다.

그녀는 렙슨의 혁신적인 아이디어에 감탄했다. 그 가운데 '불과 얼음'이라는 캐치프레이즈를 내걸고, 매니큐어와 립스틱의 색깔을 맞춘 아이디어는, 오늘날까지도 최고를 자랑하는 판매전략이다. 그런데 몇년 후 렙슨이 로더의 고유영역인 미용관리사업에 끼어들었고, 이때부터 두 사람은 서로에게 눈엣가시 같은 존재가 되었다.

1930년대 초 찰스 렙슨은 형 조셉과 함께 새로운 형태의 매니큐어 개발에 착수하였다. 그는 찰스 라흐만과 파트너가 되었는데, 레블론 Revlon의 ‘l’은 라흐만 Lachmann의 첫글자를 따서 만든 것이다.

라흐만은 이미 다른 회사에 매니큐어를 납품하던 회사의 소유주였다. 렙슨은 라흐만에게 매니큐어 납품을 그만두고, 자신과 함께 일하자고 제의했다. 그때 렙슨의 나이 25세였다. 라흐만은 이 제의를 받아들여 삶을 마감할 때까지 렙슨 회사에서 일했다.

이미 이 시기에 찰스 렙슨 사는 대대적인 광고를 통하여 실제보다 규모가 더욱 커보였다. 1935년 그는 『뉴요커 매거진』에 낸 광고 한편에 광고예산 전액을 퍼부었다. 처음에는 돈을 빌려 광고를 했으나, 나중에는 매출액의 대부분을 광고에 쏟아부었다.

에스티 로더는 몇번 되지 않았던 찰스 렙슨과의 만남을 이렇게 회상하였다.

"처음부터 그는 우리에게 도저히 화해할 수 없는 최대의 적이라고 자신의 입장을 공공연히 밝혔다…… 언젠가 디너 파티에서의 일이었다. 그가 미용산업의 캐딜락이 되기 위해 내 매장을 사고 싶다며 짤막하게 말했을 때, 나는 그가 나에게 덕담하는 것으로 생각했다. 그래서 나는 이 분야의 롤스로이스가 되기 위해 그의 회사를 사고 싶다며 간단히 대답했다. 그는 더 이상 대꾸하지 않고 나를 멍하니 세워두었다. 그는 유머감각이 없는 사람이었다."

렙슨은 에스티의 대답을 선전포고로 받아들인 것이었다. 그는 친구들과 모인 자리에서 "그 여자를 파멸시키고 말겠어"라고 다짐했다.

이 사건은 가십난 칼럼니스트들의 흥미를 끌기에 충분했다. 에스티 로더와 찰스 렙슨의 전쟁은 1950년대를 시작으로 70년대 초까지, 그러니까 1973년 그가 세상을 떠날 때까지 끊임없이 가십난의 단골 메뉴가 되었다. 그동안 거의 잦아들기는 했지만, 매스컴을 통해 형성된 두 거장의 싸움, 즉 헬레나 루빈스타인과 엘리자베스 아덴의 경쟁이, 이제 로더와 렙슨의 경쟁으로 바뀐 것이다.

렙슨을 한번밖에 만난 적이 없는 루빈스타인은 "그는 피부

가 좋지 않다"라는 짤막한 말로 소감을 대신했다. 그러나 아
덴은 레블론의 주식을 샀다. 이유는 단지 주주총회에 참석하
여 방랑기 많은 그의 사생활에 대해 불만을 제기하기 위해서
였다. 하지만 주식으로 큰 수익을 올리게 되자, 그녀는 애초
의 계획을 포기하고 주식을 계속 보유하였다.

렙슨은 1961년에 개발한 향수에 특색이 없다는 자조적인
표현으로 '댓 맨 That Man'이라는 이름을 붙였다. 엘리자베
스 아덴이 그를 표현한 유일한 말이 '댓 맨'이었다.

물론 로더, 아덴, 루빈스타인 3자 사이에는 형식적인 우정
조차 없었다. 로더는 '파리의 4월'이라는 무도회에서 가십
칼럼니스트인 엘자 맥스웰을 통해 루빈스타인을 처음으로 소
개받았다.

"헬레나 루빈스타인은 러시아 황후 같았다. 여러 손가락에
비둘기 알만한 루비반지를 끼고 있었다. 그러나 그녀의 목은
완벽하지 못했다 …… 나는 아직 젊었고 열정이 넘쳤으나 경
력이 일천했다. 어쨌든 나는 황후들과의 교제에 미숙했던 것
이다. 나는 만나서 반갑다고, 얼굴이 무척 아름다우시다고,
그런데 내 크림팩이 당신의 목에 놀라운 기적을 안겨줄 거라
고 설명했다. 그녀는 한참 동안 나를 바라보더니, 크림팩을

보내달라고 부탁했다. 헬레나 루빈스타인은 아주 작은 기회
도 놓치는 법이 없었다. 다음날 나는 크림팩을 보내주었고,
내 말투가 얼마나 불손했는지 뒤늦게 깨닫고는 쥐구멍에라도
들어가고 싶은 심정이었다. 그러나 내 동기는 정말 순수했다.
나는 단지 도움을 주고 싶었을 뿐이다."

레너드는 학교수업이 끝나면 매일 사무실에서 일했고. 그
는 영수증을 작성하고 자전거로 상품을 배달하는 등, 틈날 때
마다 일했다. 그는 펜실베이니아 대학의 MBA인 와튼 스쿨
을 졸업한 후, 컬럼비아 경영대학원도 다녔다.

아버지는 레너드에게, 그리고 훗날 비슷한 길을 선택한 둘
째아들 로널드에게 계약서와 고객의 편지, 구매자의 평가 등
그가 관계하는 모든 서류의 사본을 주었다.

"우리는 두 아들이 화장품업계의 왕국을 건설하는 일 외에
도 다른 보람찬 일이 인생에 많다는 것을 알게 되어, 사업에
흥미를 잃게 될까봐 두려웠다." 그러나 에스티의 걱정과 달
리 레너드는 어머니의 사업을 전적으로 도왔다.

에스티의 다음 목표는 달라스의 고급 백화점 '니만 마커
스' 였다. 그녀는 달라스에서의 일화를 이렇게 회상하고 있
다. 구매 담당직원인 벤 아이즈너는 그녀의 끈질긴 청탁에 못

이겨, 새해 휴가가 끝난 직후 매장자리를 내주었다. 그때 그는 "날씨가 너무 덥고, 사람들이 크리스마스 선물을 구입하느라 이미 돈을 다 써버렸을 테니, 너무 큰 기대는 하지 마세요"라고 말했다.

에스티는 그에게 지역방송국에서 15분 동안만 방송할 수 있게 해달라고 부탁했다. 방송국에서는 8시 15분에 방송을 허락했는데, 이 시간은 기독교인을 위한 시간대가 아니었다. 그녀는 정식으로 출연하여 마이크를 잡았다.

"저희 매장을 방문하신 모든 여성분들께 선물을 드리겠습니다. 파리와 런던에서 건너온 최신의 미용기술을 여러분 앞에서 직접 선보이겠습니다. 새해를 새로운 얼굴로 아름답게 시작하세요."

그러자 이내 몰려드는 인파로 정신이 없어졌다. 니만 마커스 백화점에서는 이후 몇년 동안 그녀의 말을 광고문구로 계속 사용하였다.

"새해를 새로운 얼굴로, 에스티 로더 화장품으로 아름답게 시작하세요!"

아름다움이 유행하는 시대

헬레나 루빈스타인

또 하나의 세계 최초, 남성 살롱을 열다

엘리자베스 아덴

미국에서 인지도 2위 기업에 오르다

에스티 로더

향수 '유쓰 듀'의 빅히트와 레블론과의 혈투

모든 여성을 아름답게!

아름다움이 유행하는 시대

독일은 여성의 활발한 활동으로 재건을 이룩했고, 1954년에는 남녀평등이 법으로 보장되었다. 그러나 결혼한 여자는 주부나 엄마로서의 역할을 소홀히 하지 않는다는 전제하에서 사회활동을 할 수 있었다.

경제기적으로 여성들은 다시 유행과 미에 관심을 갖게 되었다. 파리의 패션뿐 아니라, 진과 나일론 스타킹으로 대표되는 미국의 활기찬 아름다움에 눈을 돌리게 되었다.

당시 주도적인 패션잡지였던 『콘스탄체』『영화와 여성』을 보면 이러한 경향을 알 수 있다. 『콘스탄체』는 1950년과 1953년 미용에 관한 특별호를 발간하여, 머리끝에서 발끝까지 올바른 관리법과 올바른 식사법, 건강유지법을 100쪽이 넘는 분량으로 다루었다. 그러나 미용제품이나 회사 이름은 언급하지 않았다.

『영화와 여성』은 1958년 '더욱 젊게, 더욱 날씬하게, 더욱 아름답게'라는 표제하에 발간한 특별호에서 미용에 대해 심도 있게 다루면서, 날씬해지기 위한 21일간의 다이어트도 소개하고 있다. 여기에 큰 회사 제품의 이름이 모두 상세히 소개된다. 아덴과 루빈스타인이 언급된 것은 물론이다.

시몬느 드 보부아르는 1950년대 초, "오늘날 여성은 운동과 체조, 목욕, 마사지, 다양한 섭생으로 자신의 몸매를 가꾸는 즐거움을 그 어느 때보다 잘 알고 있다. 여성 스스로 자신의 얼굴, 몸매, 피부색을 결정한다"라고 쓴 바 있다.

화장품 회사들은 여성지에 더욱더 대대적인 광고를 실었다. 1953년 처음으로 아덴은 뒤셀도르프의 살롱에서 실시하는 미용관리과정에 대한 광고를 했다. 이 과정은 3시간에 12마르크였다. 아덴은 그 어떤 수업보다도 아름다운 수업이 되기를 희망했다.

맥스 팩터 사는 에바 가드너와 엘리자베스 테일러 같은 할리우드 스타를 모델로 자신이 개발한 '팬케이크 메이크업(팬케이크 타입의 파운데이션을 이용한 메이크업 – 옮긴이)'을 선전했다. 독일에서는 베를린의 리츠 사가 브리기테 허니와 힐데가르트 크네프 같은 우파 사(UFA, 독일을 대표하는 영화사로 1917

년 설립됨 - 옮긴이)의 영화배우를 기용하여, '해피 엔드' 메이크업을 광고했다. 소극적이기는 하지만, 화장품 회사의 활동을 다루는 성격의 광고성 기사도 처음으로 실렸다.

당시에 회사명을 언급한다는 것은 생각할 수조차 없는 일이었다. 따라서 이런 기사는 랑콤 사의 미용관리사가 함부르크의 겔젠 향수공장을 방문한 내용을 다루거나, 베를린의 리츠 살롱에 대해 보도하는 형식들을 취했다.

리츠 살롱은 메이크업 아티스트가 고객에게 메이크업해주는 장면을 쇼윈도우를 통해 밖에서도 볼 수 있도록 했다. 아덴 사가 1956년에 실시한 설문의 결과는 매우 고무적인 것이었다. 설문에 응한 여성 가운데 약 90퍼센트가 크림을 바른다고 응답했던 것이다.

1954년 가을 크리스찬 디오르는 H 라인을 시장에 내놓았고, 특히 남성들 사이에서 큰 화제가 되었다. 이 제품은 소위 가슴을 납작하게 보이게 하고, 엉덩이를 아주 강하게 강조해주는 것으로, 고객에게 제법 큰 호응을 얻었다. 1955년 봄, 디오르는 다시 A 라인을 내놓았고, 이어서 Y 라인을, 1956년에는 F 라인을 선보였다.

닭발 무늬, 주름치마, 물방울 무늬와 같은 현대적인 아이템도 나왔다. 청순하면서도 주관이 뚜렷한 이미지에 몸매까지 날씬한 오드리 헵번은 이 시대 모든 이들의 이상형이었다. 헵번의 의상은 대부분 패션 디자이너 위베르 드 지방시가 담당했다. 그는 자신이 만든 최초의 향수에 '렝테르디 L' Interdit (금지)'라는 수수께끼 같은 이름을 붙였는데, 이 향수는 헵번에게서 영감을 얻어 만든 것이었다.

1950년대 말, 독일에 처음으로 대두된 청년문화는 젊은이들의 생활감정을 로큰롤과 말꽁지 머리, 패티코트, 굽이 높고 뾰족한 구두로 표현했다. 상류사회에는 비밥(Be-Bop, 재즈의 일종 – 옮긴이)이 파고들었다.

아이섀도와 아이라인은 반응이 무척 좋았다. 오드리 헵번이 영화 〈사브리나〉에서 짧고 대담한 '푸들 머리'를 하고 나온 후, 이 스타일은 대유행을 몰고 왔다. 또한 자연스러움을 강조한 더벅머리와 부드러운 웨이브도 함께 유행되었다. 짧은 머리에는 조그맣게 땋은 부분 가발로 변화를 주었다. 여러 가지 색의 부분 가발이 있었지만, 니스칠로 반짝이는 것이 가장 인기 있었다.

머리카락은 여러 색으로 강조되었다. 낮에는 햇빛에 바랜 것처럼 앞쪽만 밝은 색으로 물들이고, 밤에는 더 대담한 색을 사용했다. 1950년 봄의 유행 헤어패션은 파스텔 톤의 은은하고 부드러운 황록색이었다.

1950년대 미용산업에는 집이나 살롱에서 사용할 수 있는 새로운 기구들이 많이 동원되었다. 빈의 전기의학자인 네멕 박사는 네멕트론을 발명했는데, 이것은 전기로 얼굴, 목, 다리, 허리, 엉덩이 등의 피부를 자극해주는 기계였다. 원래 신경손상으로 근육위축증에 시달리는 군인들을 위해 만든 것이다. 당시 업소용 제품 가격이 2,000마르크나 되었다.

가정용으로 출시된 제품은 얼굴의 탄력을 높여주는 기구들로, 얼굴을 두드려 탄력을 높여주는 '트로마' 탄력강화 및 마사지 겸용의 '마스포', 탄력강화 스팀기구 '슈프렝어 안면 사우나기' 등이 있었다.

프랑스에서 나온 '슈메털링'은 요즘 시각에서 볼 때 대단히 위험한 기구였다. 나일론 실로 만든 2개의 고리를 고무밴드로 연결한 것인데, 이 고리를 양쪽 귀에 하나씩 걸면 밴드가 팽팽하게 늘어나면서, 관자놀이에 특수 반창고가 붙는다. 이 상태로 3분이 지나면 15년은 젊어진다고 선전했다.

헬레나 루빈스타인

- 또 하나의 세계 최초, 남성 살롱을 열다

'하우스 오브 구리엘리'가 큰 손실을 입은 뒤, 1950년대 초 헬레나는 업종을 바꾸어 남성용 쇼핑천국을 만들 결심을 했다. 1층을 패션매장으로 꾸미고, 뉴욕에 처음으로 선보였던 남성 부띠끄에서 선별한 제품을 전시했다. 위층에는 호화로운 분위기의 남성 미용실도 열었다.

미용실에는 사업가들이 언제든지 증권 시황을 알 수 있도록, 증권시세 전광판을 설치했다. 허름한 건물을 완전히 개조하여, 먼지투성이의 낡은 플러시 장식은 깔끔하고 남성적인 느낌을 주는 현대적인 장식으로 바꾸었다. 헬레나의 취향이 아니라 엘리노어 맥비카의 취향에 맞춘 것이었다. 헬레나는 이 일을 위해 『하퍼즈 바자』의 미용담당 편집자인 맥비카를 별도로 스카우트한 것이다.

1952년부터 헬레나의 비서로 늘 함께 해왔던 패트릭 오히

긴스는 새로 나온 남성용 크림과 로션, 모발용 향수의 실험대
상이 되었다. 루빈스타인의 연구소에서는 여성피부에 맞춘
화장품을 남성피부에 맞도록 바꾸는 연구에 온 힘을 쏟고 있
었다. 그는 실험대상이 되어주느라 종종 피부 여기저기에 벌
겋게 돋은 여드름과 각질로 시달리곤 했다. 가엾게도 그런 모
습으로 대중 앞에 나타나기도 했다.

　한때『하퍼즈 바자』의 여행담당 편집자였던 패트릭 오히긴
스는 훗날『마담 Madame』이라는 책을 썼다. 여기에 보면, 당
시 뉴욕의 루빈스타인 회사 내의 서열을 알 수 있다.

　"마담의 오른팔인 미스 루스 홉킨스가 설명한 바로는, 서
열 제1위는 당연히 마담 루빈스타인이었고 — 사람들은 그녀
를 지칭할 때 그녀 앞에서는 마담이라 부르고, 돌아서면 마담
루빈스타인이라 했으며, 공개석상에서는 그녀의 남편이 원하
는 대로 구리엘리 빈(嬪)이라고 칭했다 — 제2위는 그녀의
사랑스런 남편 구리엘리 왕자였다. 다음이 둘째아들 호라스
이고, 조카 말라가 뒤를 잇는다. 말라는 결혼 후 미시즈 빅터
실슨이 되었다. 장남 로이도 있다. 로이는 고문이지만 별로
존경받지 못했다. 말라와 남매지간인 오스카 콜린은 매장 지
배인이었지만, 헬레나의 측근 가운데 마지막 서열이다."

그녀 가족에 대한 화가 달리의 묘사는 대단히 신랄했다.

"그녀의 남편 그루지아의 왕자 구리엘리가 입을 여는 것은 담배연기로 동그랗게 도넛을 만들 때뿐이다. 그녀의 아들 호라스는 라신의 비극에 나오는 인물처럼, 우울한 모습으로 혼잣말로 끊임없이 무어라 중얼거리는 것 같았다. 오스카 콜린은 메트로놈처럼 쉬지 않고 고개를 끄덕거렸다. 마치 누군가 시키기라도 한 듯 말이다. 그리고 말라는 헬레나의 그림자에 지나지 않았다……."

루빈스타인 기업은 1950년대 초 매년 약 2억 2천만 달러의 매출을 올렸다. 헬레나는 미국 매장의 52퍼센트(3천만 달러의 가치)의 지분을 가지고 있었다. 이밖에도 영국, 남아프리카, 극동지역을 제외한 외국의 지점들도 모두 그녀의 소유였다. 외국지점들은 엄청난 상속세를 피하기 위해 재단의 소유로 처리했다. 오스트레일리아 지점은 2차세계대전이 있기 전에 이미 아들 호라스, 로이, 여동생 체스카에게 각각 1/3씩 나누어주었다.

1950년대 중반 루빈스타인 연구소는 끊임없이 신제품을 개발해냈다. 1954년에 세계 최초로 비타민이 첨가된 '라놀린 비타민 포뮬러 Lanolin Vitamin Formula'를 내놓았고, 1956

년에는 보습 크림 '스킨 듀 Skin Dew'를, 1958년에는 '마스카라 매틱 Mascara Matic'에 이어, '롱 래쉬 Long lash'를 선보였다. 이미 언급했듯이 오늘날 사용하는 마스카라라는 새로운 아이디어는 인기제품이었으며, 특히 리필 아이디어는 큰 반향을 불러일으켰다.

1960년대의 디자이너들은 패션쇼에 메이크업의 필요성을 느끼지 못하고 있었다. 이때 헬레나는 이미 사계절 패션쇼를 기획했다. 의상을 계절별 메이크업의 색조에 맞추었다. 이를테면 1953년 겨울 패션쇼에서, 그녀는 메이크업에 어울리는 흰색과 베이지색 밍크코트 12벌을 선보였다.

그즈음 그때까지 매장에 조심스레 나돌던 소문이 확실한 사실로 드러났다. 헬레나가 자궁암에 걸린 것이다. 루빈스타인 계열사 외부에서는 아무도 그녀가 중병에 걸린 사실을 눈치채지 못했다. 병상의 헬레나를 본 오히긴스의 충격은 너무나 컸다.

"그토록 늙고 나약한 모습은 처음이었다. 그녀는 지난 몇 주 사이에 죽음의 문턱까지 갔다 온 것이 분명했다……." 그때부터 오히긴스는 매일 헬레나를 찾아가거나 전화를 걸어, '하우스 오브 구리엘리'의 소식을 알려주었다.

오히긴스와 직원들의 지칠 줄 모르는 노력 덕분에 질 좋은 남성 화장품이 생산되었다. 살롱 개조가 마무리되고 모든 개업 준비가 끝났다. 오히긴스가 계획한 오픈식은 트루먼 카포티, 살바도르 달리, 그리고 할리우드 스타들의 참석으로 사회적인 뉴스거리가 되었다.

중절모를 쓴 수많은 유명인사들 사이에 갑자기 나타난 헬레나의 모습에, 오히긴스는 유령이 나타난 게 아닌가 하고 자신의 눈을 의심했다. 헬레나는 건강상태가 아주 나빴지만, 행사가 어떻게 진행되는지 궁금하여, 주치의와 간호사를 대동하고 오프닝 파티에 온 것이다. 그녀는 매우 만족스러워하면서 금세 자리를 떴다. 그리고 커다란 쟁반에 연어를 담아갔다. 병원식사가 너무 형편없었기 때문이었다.

주요 일간지들은 새로운 남성전용 호화살롱에 대하여 일제히 보도했다. 이제 이곳은 남성 미용관리의 새로운 트렌드가 되었다. 살롱은 뉴욕 사교계의 남성들 사이에서 성공을 거둔 듯 보였다.

1954년 1월, 병에서 회복되자 헬레나는 곧바로 외국여행길에 올랐다. 첫 행선지는 독일이었다. 50년 만에 다시 밟는 독일땅에서 첫번째 체류지는 뒤셀도르프였고, 뮌헨, 함부르크로 이어졌다. 그녀는 검은색 페르시아 모피를 입고, 진주색 베일 모자에 다섯 겹으로 된 루비목걸이를 한 채 비행기에서 내렸다. 루빈스타인 자신은 검정색 옷을 즐겨 입지 않는다고 말했다. "나이가 들면서 검은 옷을 즐겨 입는 여성이 많은 것 같다. 하지만 내가 보기에 나이든 여성일수록 밝은 색이 더 잘 어울린다. 밝은 색 옷을 입고 섬세한 눈화장을 하면, 몇년은 더 젊어보일 수 있다."

루빈스타인의 여행은 세인의 주목을 끌었고, 각 일간지와 잡지에도 일제히 보도되었다. "헬레나 루빈스타인이 현재 서독에 와 있다는 사실은, 서독의 경기가 올해부터 좋아질 거라는 징표이다. 그녀는 장기적인 안목으로 계획을 세우는 인물이기 때문이다."

루빈스타인은 독일 여성들의 미용관리에 대해 이렇게 지적했다. "독일과 스위스 여성들은 피부를 그을리기 위해 지나치게 일광욕을 많이 하는데, 이는 피부에 좋지 않다."

파리의 미용사 앙투안느 역시 뒤셀도르프의 대표적 명소인 쾨니히스알레에 살롱을 개업하여, 루빈스타인의 경쟁자로 부상하였다. "오늘날에는 모든 여성들이 정기적으로 미용실에 간다. 또한 미용사들은 고객의 머리뿐만 아니라 피부도 관리해준다……." 그러나 앙투안느는 도태되었고, 루빈스타인은 여전히 건재하였다.

헬레나의 여행은 유럽 전지역으로 이어졌다. 그녀는 남편 때문에 어쩔 수 없이 8월 한달 동안을 베네치아에서 보내야 했는데, 하필이면 그 기간이 가장 무더운 때였다.

"생선 썩는 냄새가 진동을 했다. 그리고 어디를 가기 위해 한번 움직이려면 1만 리라가 들었다."

뉴욕으로 돌아온 그녀는 갑자기 구리엘리 매장의 폐쇄를 선언했다. "동성애자의 돈도 다른 사람의 돈과 다를 바 없다"는 지배인의 항의도, 가족들의 항의도 소용없었다. "모든 것이 너무 성급했다. 우리는 남성 미용실 때문에 5만 달러의 손실을 보았다. 그외 일반경비도 부담스러웠고, 제품을 도매 값에 판매한 탓에 결국 파산에 이르렀다."

크리스마스 바겐세일을 끝내고, 구리엘리 남성 살롱은 영원히 문을 닫았다. 남편 구리엘리 왕자에게는 차라리 잘된 일이었다. 그는 남성 미용실 개업에 완강하게 반대했었다. "나는 러시아 왕자야. 미용실이라니, 말도 안 돼. 친구들이 어떻게 생각하겠어?" 어쩌면 헬레나가 남편의 의견에 승복했는지도 모르는 일이었다.

루빈스타인 남성용 화장품은 1960년대까지 판매되었다. 화장품 용기는 오리지널 칵테일 셰이커로 하고, 뚜껑에 구리 엘리 가의 문장을 새겼다. 시판된 제품으로는 에프터 셰이브 로션, 향수, 바디 파우더, 헤어 토닉 등이 있었다.

1955년 11월 루빈스타인은 파리로 돌아갔다. 어느 화창한 일요일 아침, 그녀는 끔찍한 소식을 전해 들었다. 심근경색을 앓고 있던 남편 아르칠이 뉴욕에서 세상을 떠났다는 것이다. 헬레나는 이미 그의 죽음을 예감하고 있었다. 전날 밤 그녀의 꿈속에서 아르칠이 하얀 실크에 덮인 채 관 속에 누워 있었던 것이다.

헬레나는 슬픔을 달랠 길이 없었다. 거의 20년에 가까운 결혼기간 동안, 비록 보잘것없는 남편이었지만 그녀는 나름대로 그를 사랑했다. 아르칠은 곧잘 "내 아내는 매우 똑똑하고 부유한 유대인 여성이다"라고 자랑하곤 했다. 또한 왕자 신분의 남편으로서 자기역할을 잘 해냈다. 이런 남편이 간혹 거친 태도를 보이고 음주가 지나쳐도, 헬레나는 부드러운 미소로 너그럽게 받아주었다.

헬레나는 부모님이 돌아가셨을 때와 마찬가지로 남편의 장례식에 가지 않았다. 그녀는 죽음 자체를 아예 무시해버렸다.

오히긴스를 시켜 아들 로이에게 장례식에 갈 수 없다는 전보를 쳤을 뿐이다. 내용은 자신이 직접 썼지만 서명은 오히긴스가 했다. 이마저도 그녀는 "서두를 이유가 없어. 그는 이미 죽었어"라면서, 저녁이 될 때까지 기다렸다가 야간우편으로 보내라고 했다. 비용을 반으로 줄이기 위한 것이었다. 오히긴스는 그녀의 이런 냉정한 태도에 충격받아 술로 마음을 달래야 했다.

그는 헬레나의 오랜 친구인 임마누엘 아마이젠의 말을 듣고서야 충격에서 벗어날 수 있었다. "헬레나는 현실을 받아들이지 않는 버릇이 있는데, 죽음도 그 가운데 하나지요. 죽음을 무시함으로써 없었던 일로 치부하는 겁니다. 죽음을 실감하지 않으려고 장례식에도 가지 않아요. 이것이 사랑하는 사람의 죽음을 견뎌내는 헬레나만의 방식입니다. 이제 헬레나는 슬픔을 잊기 위해 다른 일에 몰두하겠지요."

아마이젠의 말이 맞았다. 바로 다음날 두 사람은 칸느로 가는 비행기에 앉아 있었다. 피카소가 마침내 그녀의 초상화를 그리는데 동의했던 것이다. 벌써 몇년째 부탁해온 일이었다. 피카소는 헬레나를 그토록 오래 기다리게 하고도 모자랐는지, 이번에도 기다리게 했다. 헬레나는 오히긴스와 호텔에서 몇일을 보내며 피카소를 기다렸다.

피카소는 결국 나타나지 않았으며, 두 사람은 피카소를 악마라고 불렀다. 그녀는 직접 피카소의 집을 찾아갔다. 피카소가 그녀를 맞이했고, 2 ~ 3일 동안 하루에 몇시간씩 그녀의 초상화를 스케치했다.

마침내 그가 말했다. "됐습니다. 초상화로는 할 만큼 충분히 했습니다." 언제 볼 수 있느냐는 헬레나의 질문에 피카소는 이렇게 대답했다. "아마도 유작이 될 듯하군요. 저나 당신이 죽으면 그때 볼 수 있을 겁니다. 어쩌면 아예 그리지 못할지도 모르겠네요."

끝내 피카소는 그 그림을 그리지 않았다고 한다. 헬레나는 다시 피카소를 만나지 못했고, 자신을 스케치한 그림도 보지 못했다. 훗날 피카소가 자신은 잠자리를 함께한 여자만 그린다는 말을 전해들었을때, 헬레나는 분노를 감추지 못했다.

남편 아르칠이 죽은 지 겨우 3년이 지난 1958년, 그녀에게 3년 전의 사건이 그대로 재현되는 듯한 일이 일어났다. 사랑하는 아들 호라스가 죽은 것이다. 그가 롱아일랜드로 가던 중 과속을 하여 다리 난간을 들이받는 사고가 발생했다. 중상은 아니었지만 밤에 심장발작을 일으켰다. 호라스는 어릴 적 류

머티즘성 심장질환을 앓은 적이 있었다. 병원으로 옮겼으나, 이틀 후 격심한 심근경색으로 죽고 말았다. 46세의 호라스가 죽음을 맞이했을 때, 그의 곁에는 아무도 없었다.

오히긴스로부터 비보를 들은 헬레나는 정신을 잃었다.

"호라스는 내 인생의 행복이었어. 그애는 사랑스러웠고 아버지의 매력적인 외모를 그대로 빼닮았지. 내가 그애의 실수를 눈감아주지 못했지만, 그애의 총명함은 평생 나의 기쁨이 되었다. 우리는 성격도 비슷했지. 충동적이고 열광적이며 때로 사람들을 너무 쉽게 믿었다. 나는 진심으로 그 아이를 사랑했어. 그 아이는 무척 따뜻하고 사리분별이 밝았다. 함께 일하면서 이따금 의견충돌이 있었지만, 끝내 늘 의견일치를 보았지. 호라스는 어릴 때부터 나로 하여금 자신의 청을 들어주지 않고는 못 배기도록 만들었단다. 나는 그애에게 지면서도 늘 즐거웠어."

그녀는 얼굴을 벽으로 향한 채 며칠을 누워 있었다. 아무것도 먹지 않았고 친구들도 만나지 않았다. 조문편지가 쌓였지만, 전혀 관심이 없었다.

호라스가 죽은 지 10일 정도 지난 후, 사진사 세실 비튼에게서 편지가 왔다. 영국의 유명한 초상화가인 그레이엄 서더랜드가 미시즈 루빈스타인의 초상화를 그리고 싶어한다는 내용이었다. 그때까지 서더랜드는 남자들의 초상화만 그렸었다. 여자로서는 헬레나가 처음이라고 했다. 그점이 헬레나의 마음을 움직였다. 기분전환을 위한 기회가 생긴 것이다. 그녀는 서둘러 비행기표를 예약했다.

영국 지사는 나날이 번창하고 있었다. 여동생 체스카가 영국에 있는 모든 살롱을 운영하고 있었다. 헬레나는 여왕처럼 환영받았다. 그녀는 클래리지 호텔에 묵었고, 다음날 바로 서더랜드의 영접을 받았다. 서더랜드는 런던 교외에 살고 있었다. 헬레나는 "예술가는 단 것을 좋아하는 경향이 있다. 그리고 예술가의 집은 늘 추운 것 같다"라고 말하며, 그에게 설탕에 절인 생강과 캐시미어 스웨터를 선물했다.

헬레나는 서더랜드 부부와 금세 친해졌고, 이들과 함께 런던에서 일주일을 보냈다. 그리고 자신이 경비를 부담해 파리에서 다시 일주일을 함께 보내고 헤어졌다. 헬레나의 초상화는 런던에서 액자로 제작되었고, 테이트 갤러리에 전시되어 대중에게 공개되었다. 이때 서더랜드 부부는 대중의 관심을 피해 베네치아에 머물렀다.

테이트 갤러리를 향해 킹스로드로 가는 중에 헬레나는 비관적으로 말했다. "나는 알아. 그 그림을 싫어하게 될 거야!"

헬레나는 두 줄기 조명을 받으며 벽에 걸려 있는 자신의 모습을 보자 몸이 굳어졌다. 자신을 그린 초상화는 하나가 아니었다. 실물 크기의 초상화 2점이 헬레나의 눈앞에 걸려 있었다. 헬레나는 초상화 앞에 의자를 놓고 앉아 차를 한잔 부탁했다. "오, 맙소사!" 불안스럽게 자신의 모습을 쳐다보면서 힘겹게 새어나온 한마디였다. 2점의 초상화는 거의 똑같았다. 다른 게 있다면 하나는 앉아 있는 모습이고, 하나는 서 있는 모습이었다.

"나는 할 말을 잃었다. 정말이지 둘 다 마음에 들지 않았다. 믿을 수 없을 정도로 대담하고 훌륭한 초상화였지만, 어디를 보더라도 내가 생각하는 나와 닮은 구석이 없는 한 인간의 초상화 …… 나는 그렇게 강한 불빛을 받고 있는 내 자신을 본 적이 없었다. 그 그림을 볼 때마다, 나는 늘 스스로에게 묻곤 한다. '역량 있는 화가 서더랜드가 그린 저 강하고 열정적인 여자가 정말 나란 말인가?' 하고."

하지만 테이트 갤러리 전시회가 대성황을 이루자, 헬레나는 자신의 초상화와 화해했다. 10만 명이 넘는 관람객이 헬레나의 초상화를 보러 왔다. 그 행렬에는 엘리자베스 영국 여왕과 모후까지 포함되었다.

"저들이 무슨 생각을 했을까?" 하면서 헬레나는 무척 기뻐했다. 일간지는 온통 헬레나에 대해, 헬레나의 사업과 그 역사에 대해 대서특필했다. 그녀는 기사를 오려 스크랩했다. 그리고 직접 '그레이엄의 끔찍한 초상화'란 제목을 써넣었다. 모은 기사가 너무 많아서 서류가방 하나로 가득 찰 정도였다. 게다가 『선데이 타임스』로부터 회고록을 써달라는 청탁도 받았다. 『선데이 타임스』는 헬레나의 회고록으로 한몫 보려 했던 것이다.

"돈 때문에? 정말 돈 때문인가?" 그녀의 자서전 『아름다움에 바친 나의 인생』의 집필을 시작하기 전, 그녀는 믿을 수 없다는 듯이 오히긴스에게 물었다. 오히긴스의 표현대로 "자신의 과거를 미화한 모호한 자서전에서…… 헬레나와 그녀의 자매들은 공식적인 루빈스타인 가의 전설로 남았다."

앉아 있는 모습의 초상화는 곧 뉴욕에 있는 그녀의 저택 현관 로비를 장식하게 되었고, 또다른 초상화는 비버브룩 경이 캐나다 뉴 브룬스위크에 있는 자신의 박물관에 전시할 목적으로 사갔다. 그녀는 그림 속에서 입고 있는 자신의 옷을 서더랜드 부인에게 선물했다. 그 옷은 발렌시아가의 작품으로 빨간색의 수가 매우 아름답게 놓여져 있는 값비싼 야회복이었다. 1958년 가을 86세의 헬레나는 심신을 다지기 위해, 오히긴스와 함께 4개월 동안 세계여행길에 오른다. 그녀는 몹시 지루했고, 기분전환이 필요했다. 그리고 과거의 기억들을 모두 지우고 싶었다.

첫번째 여행지는 로스앤젤레스였다. 그곳에서도 그녀는 매장을 둘러보았다. 이어 도쿄로 떠났다. 헬레나는 예전부터 일본을 매혹적인 나라로 생각해 왔다. 그사이 막강해진 일본의 경쟁력에 도전하기 위해서이기도 했지만, 무엇보다 일본은 그녀에게 있어 아직 미개척지였던 것이다. 그녀는 시종 미소를 거둘 줄 모르는 일본의 특허 소유권자들에게 수차례 저녁식사를 대접했다. 조카 오스카 콜린은 그녀의 은행계좌를 살펴본 다음, 그들과 저녁식사를 할 것인지의 여부를 결정해야만 했다.

다음 행선지는 홍콩이었다. 홍콩에 체류하는 동안 헬레나는 실크를 잔뜩 사서 기모노를 여러 벌 맞추었다. 기모노는 그녀의 까다로운 체형에도 기분좋게 잘 맞았다. 물론 그녀가 좋아하는 진주도 잊지 않고 구입했다.

헬레나는 장신구 구입에 열정을 쏟아부었다. 그녀의 보석은 진짜 못지않게 가짜도 많이 있었다. 그녀는 가짜와 진짜보석을 섞어놓고, 친구나 지인들이 혼동하는 모습을 즐기기도 했다. 헬레나는 보석들을 정돈하지 않고 테이블 위나 서랍 속 여기저기에 굴러다니게 놔두었는데, 어느 날 그녀는 여직원의 기발한 아이디어에 감탄했다. 그 여직원은 서류함에 알파벳을 표시하여 서류를 정리하고 있었다. 이것을 본 헬레나는 E 밑에는 E로 시작되는 에메랄드를, R 밑에는 R로 시작되는 루비를 넣어두는 방식으로 정리하여, 원하는 보석을 쉽게 찾을 수 있게 되었다.

장신구는 단지 꾸미기 위한 물건이 아니라, 자기확신을 얻는데 도움이 된다고 헬레나는 자서전에서 밝히고 있다. 여성이 남자들 세계를 헤쳐나가며 사회활동을 하기란 결코 쉽지 않기 때문에, 굳건한 자기확신이 필요하다는 것이다.

그녀는 다시 방콕으로, 그리고 오스트레일리아로 떠났다. 오스트레일리아에서는 시드니 언론의 대대적인 환영을 받았다. 그들은 이미 미국으로부터 그녀가 온다는 정보를 입수해놓았던 것이다. 멜버른, 애들레이드, 퍼스에서도 마찬가지였다. "그들이 나를 기억하다니, 누가 생각이나 했겠는가!" 하며 그녀는 기뻐했다. 하지만 어떤 유혹으로도 그녀가 콜레인에 가도록 설득할 수 없었다. "싫어. 왜 그곳에 가야 하지? 신에게조차 버림받은 그곳에서 나는 언제나 가난하고 외롭고 배고팠어. 하루에 20시간씩 일했고, 일주일 내내 일했어. 맹세컨대 다시 그런 일을 하느니 차라리 죽는 게 나아."

그리고는 계획을 바꾸어 이스라엘의 텔아비브로 갔다. 그곳에서 질녀 라헬과 재회했다. 라헬은 텔아비브에서 산 지 20년이 되었고, 가정을 꾸리고 있었다.

"나는 이곳에 박물관과 공장을 지을 거야." 박물관과 공장 사이에 무슨 연관이 있단 말인가? 그것은 이스라엘 측이 내놓은 계약조건의 하나였다. 즉, 공장과 박물관 중 하나만 지을 수 없다는 것이었다. 할 수 없이 그녀는 '헬레나 루빈스타인 전시관'을 개장하고, 3년 후 공장을 지었다.

헬레나는 자신의 수집품 중 위트릴로의 그림 2점과 브라질 무명화가가 그린 자신의 초상화 1점을 이 전시관에 기증했다. 헬레나는 여러 동의 전시관 건물 가운데 자신에게 할애된 공간이 1동밖에 안 된다는 사실을 몰랐다. 각각의 건물에는 돈을 기부한 미국 부자들의 이름이 붙여져 있었다. 헬레나는 이 예술관을 지긋지긋하게 생각했다.

그녀는 이스라엘에 이어 아테네, 로마, 파리, 런던을 여행하고, 1959년 봄 마침내 뉴욕으로 돌아왔다. 하지만 겨우 3개월이 지나 다시 길을 떠났다.

이번 행선지는 모스크바였다. 미국과 러시아라는 두 강대국 사이의 냉전기간 중 그래도 비교적 따뜻한 국면에 접어든 시기였다. 서기장 후르시초프가 미국의 초청을 수락하자, 미국에서는 러시아 국가원수를 환영하는 공연이 개최되었고, 1959년 여름 닉슨 부통령이 모스크바에서 개최된 미국박람회의 개막식에 참가하기 위해 러시아를 방문했다. 루빈스타인과 코티는 화장품 회사로서 유일하게 이 박람회에 초대되었다. 박람회장에 자리잡은 루빈스타인 전시관은 헬레나에게 특별한 체험이 되었다.

남편 아르칠에 대한 감상적인 추억 때문이든, 미래 시장을 염두에 둔 것이든, 헬레나 루빈스타인은 거의 10만 달러를 건물과 제품에 투자했다. 여기에는 소비자들이 '손톱왕' 찰스 렙슨보다 자기 제품을 먼저 알아보기를 바라는 마음도 있었다. 그녀는 조카 말라에게 이 모든 준비를 맡겼다.

말라는 말했다. "나는 일군의 미용전문 여성들을 소집했다. 모두 헬레나 루빈스타인 살롱 출신이었다. 그들 모두 미용에 관한 한 자기 분야에서 전문가가 되어야 했고, 러시아

어를 유창하게 구사할 줄 알아야 했다. 한마디로 소련정부 입장에서 볼 때 정치적으로 생산성이 있어야 했다.”

헬레나는 88세의 나이로 친히 소콜니키 공원에서 열리는 개막식에 참석했다. 헬레나를 간호하던 여동생 체스카와 개인비서 오히긴스가 동행했다.

“러시아 여자들은 호기심을 감추지 못했다. 아름다움에 대한 그들의 갈망은 끝이 없었다. 그러나 애석하게도 우리는 미에 대한 조언을 구하거나 아름다워지려는 모든 사람들에게 일일이 도움을 줄 수가 없었다”라고 말라는 기록하고 있다.

엘리자베스 아덴

– 미국에서 인지도 2위 기업에 오르다

아덴의 디자이너 카스티요는 인기 절정의 시점에서 떠나야 했다. 따지고 보면 자신의 책임이었다. 그가 엘리자베스 회사의 한 여직원과 문제를 일으킨 것이다. 여직원들을 아끼고 사랑한 엘리자베스는 할 수 없이 카스티요를 해고했지만, 곧 후회했다. 하지만 당장 카스티요를 대신할 디자이너를 구해야 했다.

이탈리아에서 돌아오자마자, 그녀는 유행의 중심지가 파리에서 밀라노로 바뀔 것이라는 사실을 예감했다. 사람들은 그녀가 이탈리아 인 디자이너를 구하고 있다는 사실을 알게 되었다. 당시 『보그』 사장이었던 엘리자베스의 친구 카멜 스노우는, 1951년 플로렌스의 파비아니 회사 직원으로 있던 그라프 페르디난도 사르미를 찾아내어 아덴에게 소개했다. 뉴욕에 도착했을 때 그는 영어를 한마디도 하지 못했다. 그러나 가장 중요한 세 단어, 즉 '네, 미스 아덴Yes, Miss Arden'은 금방 배웠다. 점차 그의 영어실력이 나아지자, 엘리자베스는 잘생기고 사교적인 그라프를 사교무대에 언제나 대동하고 나타났다. 그라프 입장에서는 어쩔 수 없이 따라야 하는 것이었지만, 엘리자베스는 이것을 디자이너에게 주는 보너스쯤으로 생각했다.

1952년 여배우 안네리제 울렌은 주간지 『벨트 암 존탁(일요일의 세계)』에서, 유리로 지어져 할리우드 선셋 스트립에 위치한 아덴 살롱에서의 체험을 이렇게 밝혔다.

"언젠가 나는 엘리자베스 아덴이 '절호의 기회'라고 부른 미용기구를 사용해본 적이 있다. 전기 마사지기를 처음 이용하는 나는 긴장된 표정으로 주위를 둘러보았다. 나는 속수무책으로 기계에 내맡겨진 채 매여 있었다. 곧 간단한 지레 작동으로 단단하고 작은 마사지용 고무봉들이 일제히 움직였다. 고무봉이 신체의 각 부위를 문질러주었다. 아름다워지기 위해서라면 인정사정이 없었다.

다음 차례는 위치를 조절할 수 있는 팔걸이와 움직이는 발판이 달린 안락의자였다. 이 의자는 위험하지 않고 편안해보였다. 그런데 전류가 흘러 지독한 진동으로 바뀌자, 피가 거꾸로 솟는 듯하고 귓속에서 웅웅거리는 소리가 났다. 기계만 그런 것이 아니었다. 전문마사지사로부터 직접 받는 마사지도 마찬가지였다. 문지르는 손의 힘이 너무 셌던 것이다. 그래도 이완되지 않는 사람은 수증기 속으로 들어가거나, 심지어 지퍼를 잠근 욕조 속으로 들어가야 했다. 여기에서는 찬물, 따뜻한 물을 번갈아 부으면서 근육을 이완시키고 땀구멍을 열기 위한 마지막 조치를 취하는데, 그 물에서 아름다운 향기가 났다. 그러자 서서히 기분이 좋아지면서, 어느새 남자 미용사 가브리엘 씨가 기다리고 있었다.

가브리엘은 이 살롱에서 유일한 남자였다. 그는 능숙한 손놀림으로 헝클어진 내 머리를 다듬어 새로운 헤어스타일을 연출한 다음, 머리를 감겨주고 '고객 타입에 맞는 특수한' 아덴 제품으로 손질해준다. 그러나 여기까지는 준비단계일 뿐이다. 깊숙한 안락의자에 앉으면, 의자가 뒤로 넘어가 머리가 발보다 더 밑으로 가게 된다. 이 상태에서 얼굴담당 마사지사가 와서, 아덴 크림 한 덩어리를 놀란 내 얼굴에 펴바르고 뺨을 두드리기 시작한다.

다음으로 아덴 세안액을 적신 솜뭉치를 눈두덩이에 얹어 눈을 쉬게 한다. 따뜻한 얼굴 마스크를 한 다음 대대적인 메이크업을 받게 된다. 내 앞에 향기 좋은 팔레트가 펼쳐지더니, 마침내 엘리자베스 아덴 살롱의 거울 속에서 낯선, 그러나 매력적인 얼굴이 놀란 눈으로 나를 바라보고 있었다. 나는 매우 만족스러웠다."

그날은 사장 엘리자베스 아덴이 살롱에 나오지 않아 그나마 다행이었다. 그녀는 여자들이 겁을 먹거나 여러 사람이 보는 앞에서 물구나무서기 자세로 누워 있는 모습을 은근히 즐기는 듯했다. 그러면서 황당해 하거나 화를 내는 고객에게, 이렇게 하면 혈액순환에 좋다고 일일이 설명해주었다. 고령인 아덴은 그때까지도 아침마다 물구나무서기를 했다. 1958년 『레베예』에서 아덴은 이렇게 말했다.

"여성은 일찍 일어나서 제대로 식사하고 규칙적으로 체조해야 한다. 그것도 못할 만큼 바쁜 사람은 아무도 없다. 나는 7시 30분에 일어난다. 건강하고 생명력이 왕성한 사람만이 인생을 즐길 수 있다. 나는 셀러리와 당근 혼합주스를 좋아한다. 채소는 남새밭에서 바로 뜯어 먹는 것이 가장 좋다. 저녁에는 약초차를 즐겨 마신다. 나는 박하차와 딸기차를 가장 자주 마신다."

미스 아덴은 1953년 뉴욕, 런던, 파리, 취리히, 로마 지점을 광고했다. 뒤셀도르프와 함부르크에서도 살롱을 운영했지만, 이곳들은 광고하지 않았다. 이 도시 이름들이 그다지 매혹적으로 들리지 않아서일까?

베를린의 사업자등록부에 기록된 바에 의하면, 1950년 8월 24일 엘리자베스는 동업자회의를 거쳐 회사의 소재지를 쾰른으로 옮겼다. 1951년에는 보덴제 호수를 끼고 있는 콘스탄츠에 독점판매회사인 엘리자베스 아덴 유한회사를 설립했다. 이곳에서 독일, 스위스, 이탈리아 등지에 제품을 공급했다. 취리히 공장은 독일에 공급하기 위한 제품을 생산했다. 1954년에는 이 가운데 판매부, 광고 및 홍보부, 그리고 미용사 연수부를 뒤셀도르프로 옮겼다.

같은 해 뉴욕 5번가의 총괄 관리부 건물에 도둑이 들었다. 침입자들이 밤새 건물 내부를 샅샅이 뒤져 가져간 것은 겨우 금고에 있던 몇백 달러뿐이었다. 바로 옆에 있는 장미유가 몇십만 달러의 가치를 지닌다는 사실을 몰랐던 것이다.

1956년 크리스마스 직전, 뉴욕에 있던 엘리자베스 아덴은 남성전용 매장을 열었다. 여기에서는 새로 개발한 남성 화장품 외에도 아내에게 선물할 수 있는 예쁜 소품을 내놓았다. 이 아이디어는 루빈스타인이 아덴보다 몇년 앞서 실행에 옮겼지만, 루빈스타인의 매장이 폐쇄되는 바람에 아덴은 이 고객을 자신의 매장으로 유치할 수 있었다.

루빈스타인이나 로더와 마찬가지로 미스 아덴도 부동산을 사들였다. 1957년에는 메인 주 벨몬트에 있는 별장, 맨해튼의 저택, 켄터키의 렉싱턴 집, 2개의 메인 찬스와 뷰티 농원 가운데 어느 곳에 머물러야 할지 모를 지경이 되었다.

오스트레일리아와 유럽에 일찍이 진출하여 국제적인 인물이 되었던 루빈스타인은 런던과 파리에도 집이 있었던데 비해, 아덴과 로더의 부동산은 주로 미국에 있었다. 미스 아덴은 죽기 몇년 전 아일랜드의 더블린 근처에 있는 작은 성채를 장만했다고 한다.

엘리자베스는 캔터키 더비 경마에서 우승한 지 몇년이 지난 후, 말들에게 집을 마련해주기 위해 3,000헥타르에 이르는 대지를 렉싱턴에 구입했다. 마침내 '메인 찬스 말 농원'도 갖게 되었다.

1957년에 다시 대형 창고에서 화재가 났다. 세번째 화제였다. 이에 미신을 믿는 엘리자베스는 "나는 그러려니 했다. 이제 긴장할 필요가 없다"라고 말했다. 이번에는 다행히 말 20마리가 모두 구조되었다.

1957년 5월, 77세의 여동생 글래디스가 독일을 방문했다. 20년 만이었다. 그녀는 『뮌헨 신문』과의 인터뷰에서 20년 전에 비해 독일 여성이 훨씬 아름다워졌다고 말했다.

"어디를 가든 아름다움을 향한 여성들의 외침이 들린다. 그들은 아름다움과 건강을 유지하고 싶어하며, 더 오래 살기를 원한다. 남편을 얻기란 그리 어렵지 않지만, 나이가 들어서도 남편을 늘 곁에 잡아두기란 쉽지 않다. 그러므로 여성은 언제나 아름다움을 가꿀 수밖에 없다. 나는 독일 여성도 아름다움의 중요성을 인식했다는 인상을 받았다."

글래디스는 미국의 유명한 회사들 중 언니의 회사가 인지도에서 2위를 차지한다고 자랑스럽게 말했다. 싱거 재봉틀 바로 다음 순위이면서, 포드 자동차보다 앞선 순위였다. 당시 코카 콜라는 고려 대상에 포함되지도 못했다.

글래디스가 사업을 돌보는 동안, 엘리자베스는 자신의 취미에 정열과 시간을 할애했다. 1957년 6월 5일, 엘리자베스 아덴이 애마 템페스트와 함께 영국 엡섬 더비 경마에 나타났다. 1954년 12월 런던에서 열린 망아지 경매에서 20만 마르크에 샀다는 바로 그 말인 것 같다. 당시 10개월이었던 그 어린 말은 그녀가 찾는 말이 아니었다. 다른 구매자가 더 높은 값을 불렀다. 그러나 그 망아지는 그녀를 불가사의한 눈초리로 바라보았다. 그녀가 말을 살 때는 항상 눈의 표정을 보고 결정했으며, 말들을 '내 아기들'이라고 불렀다. 두말 할 것도 없이 그녀는 언제나 최고 혈통만 고집했다.

아이크 아이젠하워 전 미국 대통령의 부인인 메이미 아이젠하워는, 엘리자베스의 메인 찬스 뷰티 팜의 단골고객이었다. 1952년과 1956년 공화당 전국대회 때, 미스 아덴은 대규모 파티의 주최자로서 두각을 나타냈다. 1952년 아이젠하워는 해리 트루먼을 물리치고 대통령 자리에 올랐으며, 1956년에 재선되었다.

그런데 『슈피겔』에 따르면, 1958년 초에 미스 아덴은 그녀가 애지중지하는 경주마 주얼스 리워드의 우승을 보기 위해 플로리다에 있었다고 한다. 대통령 아이크 아이젠하워가 파라다이스 밸리 골프클럽의 필드에서 막 라운딩을 시작하고 있을 때, 메인 찬스에는 메이미 아이젠하워 자매가 여자친구와 함께 예약해놓은 방갈로에 도착했다.

이들은 대통령 전용 비행기를 타고 왔다. 그날 저녁 워싱턴으로 돌아가는 비행기 안에서 대통령의 얼굴에는 찬바람이 불었다. 경기침체로 나라가 불안정할 때, 영부인이 백만장자

휴양소에 묵는다는 것은 일반 국민들의 정서로 이해하기 힘든 일이었다. 미스 아덴은 지나치게 고루한 사고방식에 어깨를 으쓱해 보였을 뿐이다.

1959년 아덴은 디자이너 사르미를 해고했다. 그가 자신의 매장을 낼 계획이라는 소문이 그녀의 귀에 들어왔던 것이다. 그는 변명할 틈도 없이 당장 살롱을 나가야 했다.

말은 곧 그녀가 좋아하는 유일한 대화거리가 되었다. "나는 결코 휴가를 갖지 않는다. 마구간에 있을 때가 가장 좋은 휴식시간이다." 1959년 취리히를 방문했을 때, 그녀는 자신의 말 중 하나인 주얼스 리워드가 지난 해 손가락을 물었던 사건에 대해 털어놓았다.

물론 실수였다. 마구간 관리인이 당장 말을 호통치려고 하자 미스 아덴이 "내 실수였어"라고 말리며 말을 쓰다듬어주었다. 라이벌인 루빈스타인도 이 사건에 대해 들었던 터라, "말은 어떻게 지낸대?"라며 빈정거리는 투로 물었다고 한다. 6개월 후 손가락을 물었던 그 말은 산통으로 죽었다.

에스티 로더

– 향수 '유쓰 듀'의 빅히트와 레블론과의 혈투

로더가 미국이라는 큰 나라를 여기저기 돌아다니며 열심히 뛰다보니, 이익이 창출되기 시작했다. 로더는 아덴이나 루빈스타인처럼 살롱을 여는 대신, 왜 힘든 일을 자청하고 나섰을까? 이에 대해 그녀는 이렇게 말했다.

"나는 가능하면 많은 여성이 내 화장품을 써주기를 원했어요. 그래서 결심했지요. 내 살롱뿐 아니라 세계 각지의 유명 백화점에 내 물건을 갖다놓기로. 나는 여행을 좋아하고 세계 도처에 있는 고객과 소매업자를 만나는 일을 좋아해요. 햇병아리인 내가 성공한 것은, 전적으로 내가 그들과 좋은 관계를 맺은 덕분이라고 생각합니다. 그동안 인간관계를 넓히고, 꾸준히 유지해 왔거든요."

그녀는 이미 전세계적으로 확고하게 자리잡은 아덴이나 루빈스타인의 살롱과 직접 경쟁하기보다, 이렇게 자신만의 방법으로 일하는 편이 더 유리다고 생각한 듯하다.

50년대 초반 로더의 제품은 삭스, 본윗 텔러, 니만 마커스, 아이 맥닌, 블루밍데일, 마셜 필드 등 미국의 모든 유명 백화점에서 볼 수 있게 되었다. 1950년 니만 마커스 백화점의 사장이었던 스탠리 마커스는, 어느 날 오후 늦게 에스티가 찾아와서 한 말을 정확히 기억하고 있었다.

"저는 에스티 로더입니다. 마커스 백화점이 필수적으로 갖추어야 할 전세계에서 가장 좋은 화장품을 가져왔습니다."

니만 마커스에는 이미 아덴, 먼테일, 찰스 오브 더 리츠가 입점해 있었다. 더 이상 점포를 받아들일 이유가 없었다. 그는 판매과장에게 가보라고 말했다.

"벌써 그렇게 한걸요. 다음에 다시 오라고 하더군요. 하지만 마커스 씨, 저는 그럴 시간이 없어요. 이 백화점에 오는 고객들에게 하루빨리 제 제품을 선보여야 하니까요."

마커스는 그녀에게 두손 두발을 다 들었다고 인정한다.

"그녀는 자신이 원하는 바를 정확히 알고 있었다. 그러면서도 언제나 우아하고 매력적인 모습을 잃지 않았다. 그녀에게 '안 됩니다' 라고 말하기보다 '그러시죠' 라고 하는 편이 훨씬 더 쉬웠다."

1953년 에스티는 앰버 향의 향수이자 바디오일 '유쓰 듀'를 시장에 내놓는다. 레너드 로더에 의하면, 당시 이와 유사한 제품 가운데 향 농축액의 함유율이 가장 높았다고 한다. 새로 나온 이 제품은 히트했고, 아주 오랫동안 인기를 누렸다. 또한 다른 향수와 달리 피부에 오래 남았다. 유쓰 듀를 온몸에 바르면 하루종일 향기에 휩싸여 지낼 수 있었다.

오늘날에는 거의 잊혀진 괴짜 여배우 돌로레스 델 리오, 여전히 팬들의 기억 속에 살아 있는 스타의 대명사이자, 영화의 여왕인 조앤 크로퍼드 같은 많은 유명인들이 유쓰 듀를 자신이 가장 좋아하는 향수로 꼽았다. 조앤 크로퍼드는 펩시콜라 사장을 이 향수로 사로잡았노라고 고백했다. 윈저 부인(윈저 공에게 왕관을 포기하고 사랑을 선택하게 만든 유명한 심슨 부인 – 옮긴이)은 "내가 사용하는 향수 가운데 윈저 공이 가장 좋아하는 것"이라고도 말했다.

하지만 이 향수가 탄생하기까지 그다지 순조롭지만은 않았다. 에스티는 화장대 위에 놓인 여자들의 향수병을 보면서, 왜 여자들은 이것을 아끼고 아주 특별한 때만 사용할까, 그리고 매일 사용할 수 있을 만큼 부담 없는 향수를 만들 수는 없을까 하고 고민했다. 벌써 여러 해 전 삼촌이 러시아 공작부인을 위해 만든 향수는, 에스티의 어머니도 사용했으므로 그 향기를 기억하지만, 마음에 썩 들지는 않았다.

"여러 달 동안 그 일에 매달렸습니다. 여러 가지 농축액과 수십 개의 작은 병을 사서, 내 맘에 꼭 드는 향을 발견해낼 때까지 실험하고 또 실험했지요. 그 향은 은은했고 잘 퍼져서 피부와 물에 쉽게 섞였어요. 물과 잘 섞이는 성질은 매우 중요했지요."

에스티는 이 향수가 만들어지기까지의 과정을 회고하면서 말했다. "바디오일인 동시에 향수, 이것이 먹혀들었어요. 목욕은 이제 미국 전역의 여성에게 필수적인 일이 되었습니다."

향이 날아가지 않도록 병뚜껑에 열기 힘든 봉인을 하거나 금실을 단 덮개로 씌운 프랑스제 향수와 달리, 에스티의 향수는 손쉽게 사용할 수 있는 것이었다.

유쓰 듀는 출시된 1953년에 5만 달러의 매출을 올렸다. 그리고 30년 뒤인 1984년에는 매출이 1억 5천만 달러를 넘어섰다. 레너드 로더는 이렇게 회상했다. "내 어린 시절의 향은 유쓰 듀였습니다. 그것은 굉장했지요. 세월이 많이 흐르는 동안, 어머니는 유쓰 듀를 향수로 발전시키셨지요. 이 향을 맡을 때면 난 어린 시절로 되돌아갑니다."

이제 프랑스에 이어 미국에도 로더라는 '코'가 생겼다. 로더는 코코 샤넬의 말을 인용해 이렇게 말했다. "향수는 보이지 않지만 결코 포기할 수 없는 마지막의 패션 액세서리입니다. 근처에 여성이 와 있음을 알리고, 여성이 자리를 떠난 뒤에도 은은히 남아 이별을 지연시켜줍니다."

로더가 다음 향수를 시장에 내놓을 때까지 무려 15년이라는 긴 세월이 필요했다. 이 시기에 그녀는 자신의 감각을 훈련하고 섬세하게 만들며, 향수의 여러 가능성에 대해 철저히 공부했다. 하지만 새로운 향수의 개발은 대단히 조심스러운 일이 되고 말았다. 경쟁자들이 스스로 신제품을 고안하기보다, 너도나도 남의 것을 베끼기에 정신이 없었던 것이다. 그래서 실험용 향수병에는 외부인이 모르도록, 수수께끼 같은 번호나 문자만으로 향 성분을 표시했다.

오늘날에도 그렇듯이, 새로운 향수는 95~98퍼센트만 로더의 조제법에 따라 공장에서 만들고, 나머지는 로더 가족이 첨가해 완성했다. 이렇듯 아무도 모방하지 못하도록 확실한 조치를 취했던 것이다.

로더에 따르면 모방에 관한 한 레블론의 찰스 렙슨이 대가 중의 대가였다. 자서전에서 그녀는 이렇게 쓰고 있다.

"친구들 말로 렙슨이 갖추고 있는 기구들은 사용법을 차치하고서라도 아주 대단한 것이라고 한다. 그는 브롱스에 있는 연구실에서 분광계를 사용하여 경쟁업자들의 색을 분석했다. 적외선 분광계, 자외선 분광계, 원자흡수 분광계 등 종류도 다양했다. 그는 이것을 사용해 빛깔뿐 아니라, 우리가 만들어낸 향과 성분까지 분석해냈다.

그리고 너무나 똑같이 만들어내서, 그가 세상을 떴을 때는 무언가 빠진 듯한 허전한 생각이 들 정도였다. 사실 나는 그가 내 제품을 모방한데 대해 가벼운 기쁨과 약간의 자기만족을 느끼고 있었다. 같은 업종에서 경쟁자의 추격을 받는다는 것은 매우 성가신 일이지만, 그로 인해 강한 자부심을 느끼는 동시에 자극을 받기도 한다."

렙슨의 모방에 대하여 몇가지 예를 들어보자. 먼저 로더의 향수 '에스티 Estée'를 모방해 '찰리 Charlie'를 내놓았다. 로더가 회사 이미지를 대표하는 개성 있는 광고모델로 카렌 그레함을 내세우자, 그는 로렌 허튼으로 맞섰으며, 로더가 구매자에게 사은품을 제공하면 자신도 똑같이 따라했다. 또한 로더가 '크리니크 Clinique'를 시판하자, 레블론에서는 '에데레아 Etherea'를 내놓았고, '브라기 Braggi'는 남성용 화장품

'아라미스Aramis'를 모방한 것이었다. 한번은 에스티도 자신이 작심만 하면 그의 비밀을 알아낼 수 있다는 사실을 알려주기 위해, 그의 것을 모방했다.

렙슨이 '에데레아'의 광고를 위해 계획했던 문구, 즉 '개인의 피부지수' '생물학적으로 입증된' 이라는 문구 등을 크리니크의 광고에 사용했던 것이다. 게다가 몇몇 표현은 렙슨이 비밀스럽게 메모해 그의 임원진에게 전달했던 바로 그대로였다. 에스티는 이것을 손에 넣기 위해 5,000달러를 지불했다.

유쓰 듀가 대단한 성공을 거두자, 1955년 로더 가족은 이스트 77번가에 집을 사서 이사했다. 에스티가 처음으로 갖게 된 내 집이었다. 그리고 3년 뒤 아들 레너드가 해군을 제대하고, 로더의 회사에 공식적으로 취임했다. 레너드는 항공모함에서 공급담당 장교로 3년 동안 근무했었다.

레너드는 24세였지만, 일이 서툴고 패션에 대해 아는 것이 없었다. 특별교육을 받고 부족한 자질을 보완할 수밖에 없었다. 에스티는 상무 로버트 닐슨에게 레너드를 가르쳐달라고 부탁했다. 이즈음 뉴욕의 파베르제 사가 에스티의 회사를 100만 달러에 구매하겠다고 제안했으나, 에스티는 이를 냉정하게 거절했다.

레너드보다 11세 어린 로널드는 아직 학교에 다니면서, 가끔씩 회사에 모습을 보이는 정도였다. 레너드는 어머니에 대한 불만으로 신경질적인 성격이 된 반면, 로널드는 어머니와 긴밀하고도 특별한 관계를 형성하였다. 에스티는 자신의 전기에서도 로널드를 '우리 귀염둥이'라고 부르면서, 입에 침이 마르도록 칭찬하고 있는 반면, 레너드에 대해서는 의무적인 칭찬만 하고 있다.

사생활에서는 레너드가 로널드보다 행복했다. 1959년 그는 교사 에블린 하우저와 결혼했다. 그녀의 부모는 오스트리아에서 망명한 사람들로, 맨해튼에서 코르셋 류의 속옷가게를 하고 있었다. 검은 머리의 영리하고 매력적인 에블린은 첫아이를 임신해서도 회사에 다니면서 전화받는 일을 도왔다. 훗날 그녀는 로더라는 회사가 사무실 2개에 직원이 12명밖에 되지 않는 작은 회사가 아니라, 그보다 훨씬 큰 회사라는 인상을 주었다고 즐거운 듯 회상했다.

이 회사는 곧 더 큰 공간으로 이전한다. 사장실은 이제 5번가 666번지의 건물 3층에 자리잡았다. 에스티가 고소공포증이 있어, 비행기는 물론 엘리베이터 타는 것도 싫어했기 때문

이다. 이제 어머니에게서 회사의 주도권을 넘겨받은 레너드
는 그녀를 설득해 국제화를 시도한다.

에스티는 특유의 설득력을 발휘하여 패션잡지 『퀸』과 『하
퍼즈 바자』의 도움을 받아내고, 런던의 해로즈 백화점 사장
을 여러 차례 방문했다. 백화점 사장은 에스티를 그다지 달가
워하지 않았지만, 거의 2년에 걸친 설득 끝에 1960년, 마침
내 해로즈 백화점에 입점하게 되었다.

향수의 도시 파리조차 그녀의 입성을 막을 수는 없었다. 명
품 백화점 갤러리 라파예트에서, 그녀는 실수를 가장하여 향
이 뛰어난 유쓰 듀를 바닥에 쏟기까지 했다.

벨기에에 첫 해외공장을 설립한 후, 캐나다와 이탈리아에
도 공장을 세웠다. 1967년 유럽에서 마지막으로 오스트리아
빈에 입성한다. 1975년 독일인 프레드 랑함머의 진두지휘로
일본에도 진출하게 된다. 그는 일본어를 유창하게 구사했다.
그사이 랑함머는 에스티 로더의 회장이 되었고, 회사는 전세
계에 걸친 판매망을 구축하게 되었다.

경제가 꽃피는 격동의 시대

헬레나 루빈스타인
아름다움의 세계를 제패한 최초의 여왕

엘리자베스 아덴
생의 끝까지 아름다움에 몰두한 진정한 제왕

에스티 로더
20세기 천재 경영인, 미의 왕국을 건설하다

미니스커트와 화려한 색에 도취되다

경제가 꽃피는 격동의 시대

생활이 안정을 되찾았다. 경제가 꽃피고 돈이 넘치자 지출이 가능해졌다. 화장품 산업은 크림과 화장수, 마스크 팩으로 아름다움을 약속하며 곳곳에서 유혹했다. 저녁에도 '반짝이는 상자' 컬러 TV에서 광고를 내보냈다. 여자들은 광고에 현혹되어 자신이 힘들여 번 돈을 패션, 메이크업 등 몸을 위해 썼다. 1971년 '독일 신체용품 및 목욕용품 제조업 협회'는 에이번, 레블론, 루빈스타인, 아덴을 독일시장에 진출한 미국의 주요 화장품 회사로 꼽았다.

"목욕용품 시장은 계속 팽창하리라고 예상된다. 독일의 1인당 목욕용품 비용이 1949년 32마르크에서 1971년에는 70마르크로 급증했지만, 미국과 프랑스에 비하면 여전히 아주 낮은 수준이었다."

독일의 지방(脂肪)학회는 화학자와 피부과 의사들이 공동으로 피부 흡수성 시험에 대한 권고조항을 배포했고, 유명 화장품 회사들은 이 권고조항을 따랐다.

독일에서는 메이크업에 대한 의견이 양분되었다. 한쪽에서는 아주 당연하다는 듯이 화장품을 바르고 인조 속눈썹을 붙이고 립스틱를 바른 반면, 다른 한쪽에서는 이에 거세게 항의하였다.

1967년 『영화와 여성』에서 제호를 바꾼 『현대여성』은 특집 르포를 통해 '화장은 과연 해로운가'라는 주제를 심도 있게 다루었다. 이 질문에 대해 의사가 광범위하면서도 자세하게 답변하고 있는데, 결국 화장은 해롭지 않다는 결론이었다. 이는 화장품 판매를 촉진하는 발언이었다.

다른 한편, 같은 해에 한 젊은 여점원이 메이크업을 하라는 사장의 요구에 항의하며 법정에 섰다. 법정은 타협을 권유했지만, 그녀는 얼굴에 '그림을 그리느니' 차라리 직장을 그만두겠다고 했다.

그러나 눈이나 옷 빛깔에 맞춰 쓸 수 있는 색색의 아이섀도는, 이미 파우더나 볼연지와 마찬가지로 여자들의 마음을 사로잡은 지 오래였다. 넓은 눈썹은 다시 가늘어졌다. 눈썹이 가늘어지자 고쳐 그리기도 쉬워졌다

미용계에서는 짧은 머리가 유행하였다. 여기에 어느 무명 미용사가 선보인 턱선 길이의 단발 헤어스타일이 가세했는데, 영국인 비달 사순이 1963년에 고안한 '클래식 밥'이 바로 그것이었다. 이 완벽한 헤어스타일은 파마용 롤을 사용하거나, 앞머리를 부풀려서 만든 것이 아니라 순전히 커트로만 이루어낸 것이었다.

긴 머리도 여전히 유행했다. 60년대 젊은이의 우상은 프랑스 영화배우 브리지트 바르도였다. 수많은 젊은 여성들이 멋지게 헝클어뜨린 그녀의 헤어스타일을 따라했다. 윗머리는 부풀리고 앞머리는 이마에서 뒤로 빗어 넘겨 헤어스프레이로 고정시킨 이 머리는 마치 짚으로 만든 벌집처럼 보였다. 저녁마다 이 머리를 빗질하느라 고통스러웠던 일이 아직도 많은 사람들의 기억 속에 남아 있다.

이것이 바로 '제2의 헤어스타일' 즉, 가발을 유행시킨 원인이 되었다. 유행을 아는 여성치고 가발 하나쯤 가지고 있지 않은 사람이 없었다. 특별한 날의 성격에 맞춰 쓸 수 있도록 완전한 컬렉션을 갖추고 있는 여자도 많았다. 이로써 지금까지 부분 가발에 한정되어 있던 가발산업이 눈부신 도약을 하게 되었다.

60년대 패션산업에서 일어난 최대 혁명은 나팔바지, 히피룩, 미니스커트였다. 미니스커트를 만들어낸 영국의 여성복 디자이너 메리 퀸트는, 1964년 여성의 치마길이가 무릎 위 10센티미터여야 한다고 생각했다. 미니스커트는 오랫동안 인기를 끌었다. 이제 많이 변형되기는 했지만, 패션에서 빼놓을 수 없는 아이템이 되었다.

오래 들여다보면 눈앞에서 윤곽이 흐릿해지는 딱딱한 기하학적 무늬의 옵 아트(옵티컬 아트Optical art, 즉 시각적인 미술의 약칭. 1960년대 미국에서 일어난 추상미술의 한 경향으로, 팝아트의 상업주의나 상징성에 대한 반동적 성격이 짙다 – 옮긴이), 프랑스의 쿠레제가 흑백의 줄무늬와 대각선을 이용해 디자인한 쿠레제 스타일, 니트, 아플리케(패치워크), 요란한 빛깔의 팝아트는 무엇보다도 젊은 세대를 위한 모드였다.

나이든 세대는 디오르나 샤넬의 의상을 선호했다. 이 두 디자이너는 미니스커트를 혐오했다. "짧은 치마가 아름답다는 남자는 별로 없어요. 모든 여자가 아름다운 다리를 가지고 있는 건 아니잖아요."

바지는 나이를 불문하고 인기가 있었다. 화학산업의 발달로 새롭게 개발된 값싼 포플린이나 저지, 손질하기 쉬운 화학

섬유는 새로운 유행이 되어 기성복을 창출했다. 스스로 만들어 입던 옷들이 서서히 기성복으로 대체된 것이다.

60년대 중반 들어 일률적인 패션은 드디어 막을 내린다. 여성들은 이제 자신의 치마길이를 미니, 미디, 맥시 가운데에서 선택하게 되었고, 구두 모양이나 굽 높이도 다양하게 선택할 수 있었다.

패션과 마찬가지로 사랑도 대담해졌다. 경구용 피임약은 성의 자유를 가져왔고, 여성에게 엄격하던 도덕은 종말을 맞이하다시피 했다. 은은한 향수 '칼린느(달콤한, 파투)'와 '엥프레비(뜻밖의, 파투)'는 이러한 생활정서의 새로운 표현이 되었다.

헬레나 루빈스타인

– 아름다움의 세계를 제패한 최초의 여왕

헬레나 루빈스타인은 90세가 넘도록 여행을 그만둘 수 없었다. 1960년 그녀는 런던에 거처를 정하기로 결심했다. 런던은 루빈스타인이 첫 살롱을 연 곳이고, 티투스와의 결혼과 두 아들의 출생 등 행복한 추억이 많이 깃들어 있는 도시였다. 그래서인지 루빈스타인은 파리보다 런던을 더 중요한 패션 중심지로 생각하고 있었다. 오랜 물색 끝에 그녀는 중후한 나이트 브리지에서 작지만 아름다운 집 한 채를 찾아냈다. 하이드 파크가 내다보이고 지붕 위 테라스에는 관상용 관목이 가득한 집이었다.

1961년 루빈스타인은 다시 독일을 찾았다. 이번에는 미술 관련 행사 때문이었다. 그녀는 뮌헨의 렌바흐 팔레에서 '헬레나 루빈스타인 상' 수상자들에게 상금 2만 마르크를 직접 전달했다. 주제는 '현대생활과 여성'이었다. 300명이 넘지 않으리라 예상했는데, 의외로 1,300여 명의 예술가들이 출품했다. 그러나 결과는 헬레나의 기대에 훨씬 못 미쳤다. 수상 작품을 비롯해 함께 걸린 대부분의 작품이 염세주의적 색채를 강하게 내뿜고 있었던 것이었다.

"솔직히 말해 조금 실망했습니다. 나는 독일의 화가들이 그토록 부정적이고 염세적인 줄 몰랐습니다. 작은 불빛과도 같은 최소한의 낙관주의, 나는 그것을 기대했습니다." 이 말을 남기고, 그녀는 심사위원직에서 물러났다.

루빈스타인은 생애 마지막 몇년을 뉴욕에서 보냈다. 업무회의는 대부분 그녀의 침실에서 이루어졌다. 의사들이 "일주일에 며칠은 오전에 안정을 취하라"고 권고했기 때문이다. 그녀는 머리끝에서 발끝까지 전등을 켜둔 플렉시 유리침대 위에서 쿠션에 몸을 기대고 앉아 있었다. 그런 그녀는 실제보다 더 작아 보였다. "나는 그 침대가 좀 위압적이라고 생각해요. 하지만 나는 특이한 침대를 아주 좋아했어요."

1964년 4월 『슈테른』의 칼럼니스트인 지빌레가 헬레나 루빈스타인의 파리 저택으로 그녀를 방문했다. 2년 전, 헬레나는 이 집의 내부장식을 바꾸었다. 지빌레는 헬레나를 이렇게 묘사했다.

"값비싼 고블랭 직 의자에 똑바로 앉아 나를 향해 있는 헬레나는 마치 부처 같았다. 작고 뚱뚱한 몸을 진주와 꽃자수로 장식한 디오르의 값비싼 의상으로 두르고 있었다. 작고 하얀 손가락에는 자두 크기의 사파이어 반지를 끼고 있었고, 목에는 진주목걸이를 턱까지 휘감고 있었다. 그리고 놀랍도록 술이 많은 짙은 색 머리칼을 두 눈이 치켜올라갈 정도로 팽팽하게 빗어 뒤로 묶고 있있다. 얼굴에는 볼연지를 했고, 눈은 온화하게 반짝거렸다. 그녀는 결코 이상적인 아름다움을 지닌 여인이 아닐지 모르나, 아름다움을 통해 세계를 제패한 거부임에 틀림없다."

이 집에서 헬레나는 나폴레옹 3세가 황후 위젠느를 위해 제작했던 진주 상감 나무침대를 사용했다. "아르칠은 이 장식을 아주 싫어했어요. 언젠가 진주 장식을 파내다가 내게 들킨 적도 있었지요. 내가 무섭게 화를 내자, 그는 끝까지 아니라고 발뺌을 하더군요. '그저 더 예쁘게 만들려고 그랬다'는 거였어요."

1964년 5월 21일 아침, 헬레나의 집에 복면을 한 괴한 3명이 들이닥쳤다. 그들은 정원에 잠복하고 있다가 집안으로 잠입해서 집사, 하녀, 비서를 차례로 묶고 재갈을 물렸다. 그리고는 침대에서 막 아침식사를 하려던 헬레나를 총으로 위협하면서 금고열쇠를 내놓으라고 요구했다. 오히긴스의 말에 의하면, 그녀는 냉정하고 침착한 모습을 잃지 않으면서 이렇게 말했다.

"나는 늙었다. 나를 죽일 수 있을지는 모르겠지만, 내 돈을 훔쳐가게 놔두지는 않겠다. 그러니 당장 내 집에서 나가라." 괴한들은 우왕좌왕 어쩔 줄 모르더니, 시간이 흐르자 헬레나를 침대에서 끌어내려 침대보로 의자에 묶고, 달랑 100달러만 가지고 그대로 줄행랑쳤다. 그 세 사람이 누구인지는 나중에도 밝혀지지 않았다. 그녀는 말했다.

"며칠이 지난 후에야, 나는 내 무모함을 깨닫고 두려움에 떨었지요."

죽기 전 몇달 동안, 그녀는 아침에 일어나 일상생활을 하는 것조차 힘들어했다. 화려한 조명침대는 산소텐트를 갖춘 환자용 침대로 바뀌었다. 그녀는 어떤 일에도 더 이상 흥미가 없다는 듯 유언장만 자꾸 고쳐나갔다.

1965년 4월 1일, 헬레나 루빈스타인은 95세라는 고령의 나이로 뉴욕 병원에서 세상을 떠났다. 2회에 걸친 가벼운 발작과 심각한 혈전증 증세를 보인 후의 일이었다.

불과 며칠 전, 그러니까 3월 28일에 그녀의 자서전 『아름다움에 바친 나의 인생』이 출간되었다. 아마도 이 책을 내기까지 오히긴스의 도움이 컸을 것이다. 이 책에서 그녀는 죽음에 대해 이렇게 말하고 있다.

"생각해보면 죽음은 두렵지 않다. 내 나이 또래의 다른 사람들보다 내 경우는 특히 그렇다. 옛날부터 나는 사는 게 너무 바빠 죽음 뒤의 세상이 어떨지 생각할 겨를조차 없었다. 딱히 종교적인 성향을 가지고 있다고 말할 수는 없지만, 이 세상에서의 행위가 저 세상에서 어떻게든 평가된다고 믿는다. 상을 받을까? 벌을 받을까? 이것은 중요한 일이지만, 이 문제를 생각하기에 나는 너무 늙었다."

장례식은 정확히 1시간 동안 거행되었다. 조카 말라는 최고로 아름다운 옷을 입고 멋진 장신구를 단 '여왕'의 관 앞에서, 조문객들이 마지막 예를 표할 수 있도록 배려했다. 3일 동안 6,000여 명의 사람들이 헬레나 루빈스타인을 찾아와 조의를 표했다.

『마담』 5월호에 힐데 르페브르의 추도사가 실렸다.

"그녀를 찾아갔을 때, 서툰 걸음걸이로 다가왔던 자그마한 체구의 아름다운 친구를 다시 볼 수 없게 되다니, 믿을 수 없습니다. 팽팽하게 빗어 뒤로 넘긴 검은 머리, 황금빛이 도는 갈색 눈의 탐구하는 듯한 시선, 친절한 웃음, 루비를 연상시키는 빨강이나 황금빛 바탕에 진주를 달아 수놓은 화려한 옷, 무거운 비잔틴 식 장신구, 따뜻한 악수의 손길, 사교적인 곁치레 말이 아닌 꾸밈없고 진솔한 말들을 더 이상 듣고 볼 수 없다니……. 나는 아직도 부인이 손수 서명한 편지를 주머니에 간직하고 있습니다. 그 편지에는 7월에 베를린으로 오시겠다고 했는데……."

헬레나는 유산으로 상당한 돈을 남겼다. 이 돈과 보석 몇 점 그리고 예술작품들은 측근에게 아주 조금씩 분배되었다. 유언장은 수백 명의 수혜자를 언급하면서, 유산을 차등적으로 분배하도록 작성되어 있었다. 조카 말라에게는 연봉으로 5,000달러라는 보잘것없는 금액과 매우 아름다운 보석 몇점을 남겼다. 여기에는 그녀만의 계산이 있었는데, 큰돈을 받으면 말라는 아마도 일하지 않을 거라고 판단했을 것이다. 헬레나는 말라가 계속해서 일하기를 원했다. 그녀 자신은 70년 동안 회사를 세우느라 열심히 일하지 않았는가. 그녀는 이 회사가 앞으로 300년은 더 존재하기를 원했다.

말라는 이모의 뜻을 받아들였다. 그녀는 자신이 쓴 책에서

"이모에게 내가 아름다움을 위해 계속 일하는 것보다 더 좋은 비석을 세워드릴 수는 없을 것이다"라고 말했다. 그리고 말라는 회사일 외에 다른 일은 일체 하지 않았다. 루빈스타인 사의 전 홍보책임자 되르테 뮌스터는 자신의 글에서 말라를 이렇게 묘사하고 있다.

"그녀는 현실적인 여자였다. 내가 그녀를 마지막으로 만난 것은 1984년 향수 바리니아를 출시할 때였다. 당시 그녀는 72세였지만, 건강해 보였고 헬레나와 매우 닮아 보였다."

뉴욕의 헬레나 집에서 20년 넘게 일해 왔던 필리핀 출신 집사인 앨버트는, 평생 동안 매년 500달러의 연금을 받게 되었다. 헬레나의 비서 오히긴스는 5,000달러의 현금과 죽을 때까지 매년 2,000달러의 연금을 받게 되었다. 이에 대해 오히긴스는 "나는 친척도 아니고 14년 동안 그녀를 위해 일했을 뿐인데……"라고 말했다.

그는 헬레나 루빈스타인이 죽은 지 1년 되는 날 회사를 떠났다. 그녀의 죽음과 함께 자신에게도 이별의 시간이 다가왔음을 깨달은 것이다. 1967년부터 그는 잡지 『하퍼즈 바자』에 글을 쓰기 시작했다. 그리고 같은 해 남성 베스트 드레서 12명 가운데 한 사람으로 선정되었고, 1970년 말에는 헬레나 루빈스타인과 함께한 세월을 책으로 펴냈다.

1965년 10월, 루빈스타인이 소장했던 특별히 사치스러운 보석이 경매에 부쳐졌다. 불가사리 모양의 유명한 팔찌는, 85캐럿이나 되는 사파이어 주위를 70개가 넘는 다이아몬드로 빙 둘러싼 모양이었다. 대략 300점의 보석이 기대했던 수익금에 훨씬 못 미치는 가격에 팔렸다. 모두 합쳐 50만 달러에도 못 미치는 액수였다. 그림, 조각품, 골동품, 가구 경매는 이보다 훨씬 성공적이었다. 10일 동안 거의 500만 달러라는 거액이 모인 것이다.

이 돈은 세금을 제한 후, 불우한 여성과 어린이를 위한 헬레나 루빈스타인 재단에 기부되었다. 그녀의 집들도 모두 팔렸다. 묘하게도 뉴욕 파크 애비뉴의 아파트는 루빈스타인의 옛 라이벌 '손톱왕' 찰스 렙슨이 구입했다. 그는 이 집을 수리하고 새 가구를 들이는 일에 2년이라는 시간과 엄청난 돈을 투입했다. 헬레나의 파리 저택은 샹파뉴 마냐가 구입했으며, 런던의 저택에는 여동생 체스카가 입주했다. 하지만 체스카는 헬레나가 죽은 뒤 18개월 만에 갑작스런 심장마비로 세상을 떠나고 말았다.

헬레나의 상속자들은 그녀만큼 강하지 못했다. 1970년대 초, 이미 아들 로이와 조카 오스카 콜린이 회사를 이끌어나가기에 모두 역량이 부족하다는 사실이 드러났다. 이로써 마담이 바라던 300년 존속은 물거품이 되어버렸다.

루빈스타인 사는 회사를 인수할 사람을 적극적으로 찾아나섰다. 헬레나 루빈스타인이 세상을 떠난 지 9년 뒤인 1974년, 회사는 콜게이트 팔모리브에게 14억 3천 2백만 달러에 매각되었다. 그러나 콜게이트는 치명적인 실수를 범한 후, 1980년 7월 화장품업계의 신예 앨비 엔터프라이즈 사와 저널리스트 윌리엄 와이즈에게 회사를 넘기고 말았다.

1988년 루빈스타인 기업은 다시 새 주인을 맞게 되었다. 바로 1984년에 라틴 아메리카와 일본을 석권한 로레알이 인수한 것이다. 로레알은 세계를 무대로 활발한 활동을 전개해나가고 있다.

엘리자베스 아덴
– 생의 끝까지 아름다움에 몰두한 진정한 제왕

80세를 넘긴 엘리자베스였지만, 그녀는 여전히 여행 욕구가 왕성하였다. 그녀와 한집에 살던 조카 팻 영은 지금까지 늘 아덴을 수행해 왔지만, 이제 더 이상 고모와 함께 다니고 싶지 않았다.

"이제 나도 쉬어야겠어요. 고모와 다닐 만큼은 다녔다고 생각하거든요."

게다가 화장품 검수원이었던 팻은 모든 신제품을 테스트해야 했다. 아덴이 그래왔듯 그녀 역시 휴가는 생각조차 할 수 없었다. 혼자 있고 싶었던 팻은 일주일 동안 도망치듯 독일로 달아났다. 글래디스 고모에게 자신의 거처를 알려주고자 연락했을 때, 그녀는 이런 말을 들어야 했다.

"큰고모가 너를 애타게 찾으셨어. 지금은 또다른 나라를 순방중이시지. 영국에 잠시 들러 여왕의 모후와 다과를 나누셨고, 아일랜드에서 고성을 사셨다더라."

사르미를 해고한 후, 엘리자베스는 몇년 동안 몸소 디자이너로 활동했는데, 그럭저럭 성공적이었다. 안토니오 카스티요는 아덴을 떠난 뒤 파리로 돌아가, 랑벵 밑에서 일하면서 큰 성공을 거두었다. 그런데 그의 조수 오스카 드 라 렌타는 유행을 이끄는 뉴욕, 특히 아덴 밑에서 자신의 미래를 시험해보고 싶었다. 아덴의 기질이나 급료에 관해서 이미 카스티요에게 들어 잘 알고 있었지만, 그로서는 시도해볼 만한 가치가 있는 일이었다.

오스카는 평소 잘 알고 지내던 랑프랑코 라스포니를 통하여 기회를 엿보았다. 라스포니는 아덴의 패션잡지 주간이었다. 마침내 오스카는 한 무도회에서 아덴의 눈에 드는데 성공하였고, 1962년부터 미스 아덴 밑에서 일하게 되었다. 오스카는 잘생기고 매력적인 디자이너였다. 게다가 요리가 취미였던 그는 주인을 위해 테라스에서 성대한 연회를 마련하곤 했다. 하지만 두 사람의 좋은 관계도 오래 가지 못했다.

그가 고급 맞춤복보다 잠재적 가능성이 큰 기성복에 투자할 것을 제안하자, 아덴은 처음에는 동의했지만 얼마 지나지 않아 단호히 거부했던 것이다. 결국 오스카는 2년 반 동안 맞춤복 디자인에 종사하고 아덴 곁을 떠났다. 훗날 그는 "그 기간이 나에게는 마치 10년처럼 느껴졌다"고 회고했다. 어 쨌든 그는 자신의 희망대로 카스티요나 사르미처럼 아덴 밑 에서 경력을 쌓았다.

1962년 스위스의 한 살롱 여주인인 리제트 오에리는 취리 히에서 〈여섯시 반의 랑데부〉라는 TV 프로그램에 고정출연 하여, 합리적이고 품격 있는 미용관리에 대해 2주 동안 강의 하였다.

또한 『노이에 취리히 차이퉁』은 「뷰티 스쿨 — 엘리자베스 아덴의 명강의 — 여섯 과목의 홈 미용강좌」에 넓은 지면을 할애했다. 엘리자베스 아덴은 이 지면을 통해 아름다움을 오 랫동안 유지할 것을 권유하면서, 친숙한 주치의의 친절한 충 고를 상기시키듯 말했다.

"아무리 좋은 화장품이라도 신선한 공기와 규칙적인 운동, 충분한 수면을 대신하지는 못합니다." 이와 더불어 그녀는 '정확한 지침과 함께 피부의 세정, 손질, 영양보충에 없어서 는 안 될 3가지 제품'을 포함한 '뷰티스쿨 세트'를 8.5스위 스 프랑에 내놓았다.

스스로 받아들이고 싶지 않겠지만, 엘리자베스도 나이가

들었다. 경마 수입이 불과 4년 만에, 즉 1962~66년 사이 359,856달러에서 24,595달러로 90퍼센트 이상 감소했다. 아덴은 말을 더 구입하는 일을 자제하고, 양육이 필요한 어린 말은 팔고, 저임금의 훈련사를 고용했다.

화장품 사업도 문제가 생겨났다. 엘리자베스는 젊은이들의 새로운 메이크업 경향에 굴복하여, 당시 로마의 살롱에서 근무하던 파블로를 불러들였다. 파블로는 실험정신이 강한 사람이었다. 아덴 제품의 색상은 그사이 대단히 보수적인 것이 되어 있었고, 새롭게 유행하는 컬러는 처음부터 아덴의 마음에 들지 않았다.

파블로는 나름대로 엘리자베스를 변화시켰다. 그녀가 자신의 의도를 눈치채고 있다는 사실을 간파했기에 조심스럽게 행동했고, 엘리자베스 역시 불필요한 말을 아꼈으므로, 두 사람은 충돌을 피할 수 있었다.

이즈음 엘리자베스 아덴은 회사를 재단으로 바꾸라는 재정 고문의 충고를 무시했는데, 훗날 이것이 큰 실수였다는 사실이 드러나게 된다.

1964년 그녀는 시카고 최고의 거리인 노스 미시간 애비뉴에 고르고 골라 최고로 좋은 땅을 샀다. 월튼 플레이스의 오래된 살롱을 이곳으로 이전하여 새로 개업하고자 했다. 이번에도 실내장식은 니콜라이 레미소프에게 의뢰했다. 살롱을 오픈한 후 그는 이렇게 말했다. "저도 이제 서서히 늙어가는군요. 이것이 제가 맡는 마지막 살롱이 될 것입니다." 엘리자베스가 맞장구쳤다. "저 역시 마찬가지입니다."

나이가 들자, 마침내 그녀는 그간의 활동을 인정받기 시작했다. 세계 각처에서 훈장이 몰려들었다. 1961년 프랑스는 그녀에게 레지옹 도뇌르 훈장을 수여했다. 엘리자베스는 이를 당연하게 생각했다. 먼저 여동생 글래디스가 이 훈장을 받았으므로, 이번에는 자신이 받을 차례라고 짐작하고 있던 터였다. 시라큐스 대학은 엘리자베스에게 법률학 명예박사학위를 수여했으며, 로스앤젤레스의 저널리스트협회 '데타 시그마 파이Theta Sigma Phi'는 모든 미국 여성들에게 쉽게 아름다움에 이를 수 있는 가능성을 열어준 공로로 '그레이트 레이디Great Lady'라는 칭호를 부여했다.

1960년에는 아덴 제품의 진출 80번째 국가를 기념하는 축하행사를 열었다. 1965년 아덴 기업의 매출액은 6,000만 달러에 달했다. 같은 시기 에스티 로더 사의 매출은 1,400만 달러에 불과했다.

엘리자베스 아덴은 댈지엘 파이어니어 공원 기념식수 행사에 초대받았다고 무척 감동했다. 그곳은 엘리자베스가 플로렌스 나이팅게일 그레이엄으로 태어나 자란 우드브리지 팜에 있는 공원이었던 것이다. 엘리자베스 아덴이라는 이름으로 미국과 전세계에서 대단한 명성과 부를 차지하게 된 그녀가 추억에 잠기는 순간이었다.

"사람이 오래 살다보면 경쟁자를 벼랑 끝으로 몰고 가기도 하고, 그들보다 오래 살아남기도 하는 법이다"라고 그녀는 말한 바 있다. 1965년 4월 헬레나 루빈스타인이 사망하자, 엘리자베스는 "왜 언론은 그녀의 나이만 자꾸 언급하는 거지요?"라는 짧은 코멘트를 남기기도 했다.

말년의 루빈스타인이 그랬듯이, 엘리자베스도 사업에 박차를 가하며 강행군을 펼쳤다. 이것은 젊은 사람에게도 무리한 일이었다. 실제로 그녀 주변사람들은 몹시 힘들어 했다. 그녀는 유럽을 두루 여행하고 런던과 파리의 무도회와 리셉션에 참가했다. 심각한 간염을 극복한 후에는, 회사를 재단으로 바꾸는 일에 착수하려 했다. 루빈스타인처럼 그녀 또한 이런 일련의 활동을 통해 죽음을 지연시키려는 것 같았다.

그러나 라이벌이 세상을 떠난 지 불과 13개월 후, 엘리자베스 아덴은 향년 88세의 나이로 세상을 떠났다. 죽음은 갑작스럽게 찾아왔다. 그녀가 세상을 떠난 월요일 아침, 조카팻 영과 비서 모니카 스미스만 그녀 곁에 있었다. 아덴은 지난 일주일 동안 컨디션이 계속 좋지 않아 자리보전을 하고 있었다. 모니카를 통하여 회의도 취소시켰다. 총지배인 칼 가디너는 불안했지만 이유를 묻지 않았다. 아덴과 20년 넘게 일해본 사람이었기에, 그런 질문이 어떤 결과를 가져올지 잘 알고 있었기 때문이다.

모니카에게 편지를 구술하던 중, 아덴은 갑자기 가슴에 격렬한 통증을 느꼈다. 그녀는 두 팔로 가슴을 감싸안으면서 신음하기 시작했다. 팻은 고모의 만류를 무시하고 곧바로 의사를 불렀다. 의사가 도착했을 때 팻과 모니카는 양쪽에서 엘리자베스를 부축하고 이리저리 왔다갔다하고 있었다. 그러면서두 사람은 줄곧 엘리자베스에게 이제 그만하라고 애원했다. 사태를 악화시킬까봐 불안했던 것이다. 하지만 그녀는 죽음을 피하고 싶어했다. 산소텐트도 더 이상 소용이 없었다. 결국 그녀가 그토록 싫어하던 병원으로 실려갔다.

주변에서는 모두 엘리자베스가 지금껏 살아오면서 수많은난관과 싸워 이겼듯이, 병마와 싸워서도 반드시 이길 것이라고 굳게 믿었다. 하지만 다음날 아침, 가디너는 전직원에게 아덴의 죽음을 공식발표해야 했다. 장례식 날 살롱은 일제히 문을 닫았다. 직원들은 모두 가슴 깊이 애도했다.

아덴은 아프리카 산 마호가니로 만든 관 속에 누워, 루빈스타인과 마찬가지로 뉴욕의 매디슨 애비뉴와 81번가에 있는 캠벨의 안치실에 모셔졌다.

그런데 회사의 수많은 직원 가운데 사장의 마지막 메이크업을 하겠다고 나서는 사람이 아무도 없었다. 마치 이 순간에도 아덴이 자신들의 실수를 비난할지 모른다고 두려워하는 것 같았다. 마침내 오랫동안 회사에 몸담고 있던 한 여직원이 장례행렬을 위해 아덴을 다시 한번 아름답게 꾸며보겠다고 나섰다.

엘리자베스의 수의는 그녀가 생전에 좋아하던 분홍색으로, 몇년 전 오스카 드 라 렌타가 아덴을 위해 디자인해두었던 원피스였다(하지만 이런 슬픈 날을 위한 것은 아니었다). 이를 본 장의사 직원이 깜짝 놀라며 말했다.

"이곳을 둘러보지 않았나요? 윌리엄스버그 홀에 어울리는 색은 베이지밖에 없어요. 분홍색 수의는 안 됩니다."

장례식 날 뉴욕의 세인트 제임스 에피스코펄 교회는 화환으로 뒤덮이다시피 했다. 화환 처리를 위해 추가비용을 계산하지 않을 수 없었다. 이 화환을 웨스트체스터 카운티의 슬리피 할로우 묘지에 있는 가족묘까지 옮기는데, 차량 4대가 필요했다.

엘리자베스 아덴의 첫번째 남편인 토머스 젠킨스 루이스도 장례식에 참석했다. 그는 마치 복수라도 하듯, 전처보다 오래 살아 남았음을 즐기는 듯 정정한 모습이었다. 그는 엘리자베스에 대해 "내게 좀 못되게 굴기는 했지만, 그녀와 함께 한 15년은 즐거운 시간이었다. 그 세월은 행복한 순간으로 가득했고, 직업적으로도 만족스러운 순간이었다. 그녀와 함께한 경험은 내 친구들이 평생에 걸쳐 한 경험보다 훨씬 값질 것이다"라고 말했다.

엘리자베스의 두번째 남편 미하엘 에블라노프 왕자도 참석했다. 그는 12송이의 빨간 장미를 그녀의 마지막 길에 바쳤다. 하지만 엘리자베스는 생전에 미신을 믿었고, 거의 모든 숫자를 홀수로 정했었다. 따라서 12라는 숫자는 그녀가 그다지 좋아하지 않는 수였다.

짝수 중에 그녀가 유일하게 좋아하는 숫자가 있다면 바로 8이었다. 1878년에 태어났고, 1908년에 뉴욕으로 갔으며,

첫번째 살롱을 503번지(더하면 8)에서 열었고, 그로부터 8년 후 1차세계대전이 끝나 루빈스타인과 화장품 산업에서 패권을 다툴 준비를 갖추었다. 그녀는 자신의 말이 경주에 출전하지 않을 때에는 항상 8번 말에 내기를 걸었다. 또한 첫번째 말을 산 지 8년 뒤에 경주에서 우승하였다.

공석이 된 화장품업계의 여왕자리를 이을 명실상부한 계승자 에스티 로더도, 값비싼 검은 옷을 차려입고 아들 레너드와 함께 모습을 나타냈다. 그녀는 TV 시청자를 향해 이렇게 말했다.

"한 시대가 지나갔습니다. 엘리자베스가 남겨준 이 아름다운 전통을 계속 이어나가는 것은 이제 우리들 손에 달려 있습니다." 이 순간 그녀는 파리에서의 굴욕적인 사건은 잊어버린 듯했다.

당시 로더는 저녁모임 때문에 머리를 하러 살롱을 찾고 있었다. 하지만 그날은 하필 월요일이었고, 오직 엘리자베스 아덴의 살롱만 영업을 하고 있었다. 다급했던 에스티는 할 수 없이 엘리자베스의 살롱으로 들어섰다. 살롱 여주인 아덴은 로더가 와 있다는 소식을 전해듣고는 곧바로 살롱으로 달려왔다. 그리고 로더가 앉아 있는 의자로 다가가 노발대발하며 당장 살롱에서 나가줄 것을 요구했다. 험악한 아덴의 말투에 에스티는 아무런 대꾸도 하지 못하고, 젖은 머리를 한 채 물러나올 수밖에 없었다.

미스 아덴의 유언장이 공개되자 모두들 깜짝 놀랐다. 사적인 내용만 가득할 뿐, 회사의 운명에 대한 내용이 전혀 없었던 것이다. 하지만 이것은 시작에 불과했다.

아덴은 17개 회사와 40개의 살롱 이외에 1,100만 달러라는 큰 개인 재산을 남겼다. 여동생 글래디스는 세금을 제외하고 400만 달러를, 조카 팻 영은 200만 달러의 돈과 보석 전부, 그리고 개인적인 소유물을 받았다. 조카 존은 100만 달러를 받았다. 물론 회사재산에서였다. 오래 근무한 직원과 임원들에게는 400만 달러가 배정되었다. 그중 25만 달러는 그녀에게 충실했던 총지배인 가디너에게, 변호사 하워드 카터에게 20만 달러가 배정되었다.

사랑하는 말에 대한 당부도 빼놓지 않았다. 어떤 말을 언제 어디에서 팔아야 하는지, 또 어떤 말을 팔아서는 안 되는지 등을 자세하게 지시해놓았다.

하지만 회사에 대해서는 일언반구도 없었다. 아덴은 루빈스타인처럼 미리 앞을 내다보고 재단을 설립해놓지 않았기 때문에, 회사의 앞날이 불투명했다. 두번째로 놀랄 일은 국가가 세금으로 3,700만 달러를 요구했다는 것이었다. 도대체 무엇으로 세금을 낸단 말인가?

그녀는 우선 아일랜드의 고성과 뉴욕의 저택 등 자신의 개인재산을 내놓았는데, 해운회사 사장 부인인 샬로테 포드 니아르코스가 뉴욕 저택을 구입했다. 말들은 제값에 훨씬 못 미치는 가격에 팔렸고, 메인 찬스 뷰티 농원은 켄터키 대학이 200만 달러에 사들였다. 메인에 있는 그녀의 집은 11만 달러에 팔렸지만, 뷰티 농원은 1970년에 화재를 당했다. 뉴욕에 있는 공장은 65만 달러에 팔렸다. 하지만 이 모든 것이 조족지혈에 지나지 않았다.

아덴 회사를 인수하겠다는 제안서가 60여 곳에서 들어왔지만, 우선 독자적으로 경영해보기로 결정하였다. 가디너가 대표가 되고, 팻 영과 변호사 카터, 은행 대리인 3명이 보조했다. 글래디스는 새로운 경영진이 마음에 들지 않아 프랑스로 돌아가버렸다. 그녀는 400만 달러라는 자신의 유산을 도로 내놓고, 대신 200만 달러를 현금으로 받아 프랑스에서 사업을 벌였다. 이로부터 불과 2년 뒤, 비콩테스(자작부인 - 옮긴이) 글래디스 드 모블랑 역시 88세의 나이로 파리에서 숨을 거두었다.

가디너는 1970년 중반쯤 회사에서 물러났다. 회사를 매각하지도, 그렇다고 회사가 지속적으로 존속할 수 있는 토대를 만들지도 못했기 때문이다. 은행원 출신 찰스 블리스가 그의 뒤를 이었다. 같은 해 회사는 오랜 줄다리기 끝에 제약회사 엘리 릴리에 팔리지만, 1971년 말에야 거래가 완결되었다. 그후 비로소 상속자들과 국가에 돈이 지불되었다.

1987년 아덴 사는 뉴욕의 파베르제 사의 소유로 넘어갔고, 불과 2년 후 다시 유니레버에 팔리게 되었다. 하지만 '레드 도어'는 여전히 회사의 상징으로 사용되어, 공식 편지지의 윗부분에 인쇄되어 있으며, 1990년부터는 향수의 상표로도 사용되고 있다.

루빈스타인의 경우와 마찬가지로, 아덴 계열사의 소속관계 또한 계속 달라지고 있다. 요즘은 주요 사업에 주력하는 추세이고, 회사들이 점점 더 성장함에 따라 회사의 소유관계 역시 빠르게 변화하고 있다.

에스티 로더

- 20세기 천재 경영인, 미의 왕국을 건설하다

1960년대 초 광고계에는 '로더 스타일의 여자'라는 개념이 생겨났다. 이것은 새로운 컨셉이었는데, 금세 아류가 생겨날 분위기였다. 당시 로더의 미술 고문이던 리처드 치플러의 책상 위로, 시카고 출신 사진작가 빅터 스크렙네스키의 흑백사진이 한 장 날아들었다. 그는 이 사진에서 깊은 인상을 받았고, 사진작가의 잠재력을 높이 평가하였다.

준 리먼을 모델로 한 이 작가의 초기작품은 주로 여자모델의 모습에 초점을 맞춘 것이었다. 그후 고급향수 광고에서는 중동의 카펫, 중국 명나라의 꽃병, 피카소의 도자기 등 고급소품의 배경도 부각시켰다. 이런 광고는 회사 이미지의 일부분이 되었고, 많은 사람이 광고모델 카렌 그레함을 실제 에스티 로더라고 착각하게 되었다.

'로더 스타일의 여자' 가운데 카렌 그레함이 가장 크게 성공한 것은 자연스러운 일이었다. 귀족적인 분위기가 있는 그레함은 로더의 이미지를 구현하는데 안성맞춤이었던 것이다. 카렌 그레함은 1970~85년까지, 무려 15년 동안 로더의 전 제품에서 단독 모델로 활동했다.

로더 광고에 나오는 모든 여자들은 대단히 여성적인 분위기를 내뿜고 있다. 이러한 느낌은 에스티 자신이 갖기를 원했던 부분이고, 실제로 많은 사람들이 에스티를 그렇게 보고 있었다.

1965년 잡지 『마담』은 "그녀가 자신의 제품에 대한 최상의 광고다. 금발머리에 우아하고 푸른 눈, 20대도 갖기 어려운 잡티 하나 없이 깨끗한 피부를 가지고 있다. 또한 사업가로서 대단히 성공한 여성이지만 딱딱한 구석이라고는 전혀 찾아볼 수 없다"라는 기사를 내보냈다. 또한 그레이스 미라벨라는 『타임』에서 이렇게 쓰고 있다. "사업에서든 사생활에서든 그녀의 스타일은 여성성 그 자체이다"라고.

에스티 로더의 시대에 사진작가들은 더욱 중요해졌다. 루빈스타인이나 아덴처럼 화가가 그린 초상화의 시대는 이미 지나갔다. 이제 유명한 사진이 초상화를 대신했다. 사진의 장점은 초상화처럼 화가의 해석에만 전적으로 의존할 필요가 없다는 점이었다. 기본적으로 사진에서 으레 기대하는 정도만 표현하면 되었다.

또다른 장점도 있다. 사진이 마음에 들지 않으면 초상화를 그릴 때처럼 오래 앉아 있지 않아도 되고, 그림보다 짧은 시간 안에 얼마든지 다시 창조할 수 있다는 것이다. 로더는 흑백사진 전문가이며 『보그』의 사진기자인 호스트와, 마거릿 공주의 전 남편 스노든 경의 권유에 따라 자신의 실물크기 사진을 촬영했다.

1964년에 에스티 로더는 남성 화장품을 위한 자회사 '아라미스'를 세웠다. 향수 '아라미스Aramis'는 이보다 몇년 전에 출시되어 대단한 선풍을 일으킨 고전이었다. 1968년 그녀는 '유쓰 듀' 이후 다시 여성용 향수를 시장에 내놓는다. 농축향 '에스티 슈퍼Estée Super'가 그것인데, 맥박이 뛰는 자리에 두 방울만 떨어뜨리면 아침부터 저녁까지 좋은 향기에 싸여 지내기에 충분했다. 다시 1년 뒤, 이번에는 '아쥐레(Azurée, 하늘빛의)'가 출시되었다.

1968년에는 뉴욕의 유명한 피부과 의사 노먼 오렌트리치 박사와 공동작업으로 '크리니크(Clinique, 임상의)' 시리즈가 시장에 나왔다. 레너드 로더는 몇년 전 한 연설에서 이 시리즈가 자신의 아이디어이며, 스스로에 대한 도전에서 탄생한 제품이라고 설명한 바 있다.

"왜 내가 크리니크를 세상에 내놓았을까요? 내가 시장에서 에스티 로더와 경쟁하게 되면, 나 역시 레블론과 똑같이 할 것이라는 사실을 알았기 때문입니다. 렙슨이 에데레아로 역공하려 한 것은 이상한 행동이 아닙니다."

레블론은 "에데레아는 홀로 서 있습니다"라는 슬로건을 내세워 광고했다. 시장이 실제로 거의 그랬다. 모든 고객이 크리니크 앞에 서 있었으니까. 이로부터 2년이 채 지나지 않아, 알레르기가 적은 고급 화장품 시리즈 크리니크를 모방한 제품은 전세계적으로 180종이 넘었다. 하지만 어느 것도 크리니크와 똑같이 만들어내지 못했다. 이처럼 로더라는 이름을 사용하지 않고, 로더의 제품을 다양화시키는 뛰어난 마케팅 전략은 그후 몇십년 동안 지속되었다.

로널드 로더는 29세에 크리니크라는 상표를 넘겨받았다. 1967년에 결혼한 그의 아내 조 캐롤은 남편과 마찬가지로 예술을 사랑했다. 특히 그녀는 크리니크의 립스틱 시리즈를 제안했고, 종종 백화점 매장에서 알레르기 테스트를 거친 향이 없는 제품이라고 고객들에게 홍보했다. 그들의 두 딸 에어린

과 제인도 회사에서 함께 일하고 있었다. 레너드와 에블린의 아들 윌리엄도 마찬가지였다.

회사는 직원이 늘어 좁아터질 지경이 되었다. 1969년 로더는 5번가 767번지의 건물에서, 한 블록 떨어진 곳에 새로 지은 제너럴 모터스 빌딩으로 이사했다. 묘하게도 이 건물은 나중에 제너럴 오더스(향기) 빌딩으로 개명되었다. 로더는 123개의 사무실이 있는 38층 전부와 40층의 일부를 사용했다. 이제 에스티는 고소공포증을 극복한 듯했다.

라이벌 찰스 렙슨은 로더보다 5층 위에 자리잡은 채, 600명의 직원을 거느리고 있었다. 두 사람은 마주치지 않기 위해 다른 엘리베이터를 사용했다. 이유는 굳이 말하지 않아도 알 만하다. 하지만 라이벌끼리의 만남을 영원히 피할 수 없다는 사실을 렙슨은 쓰디쓰게 경험해야 했다.

어느 날 엘리베이터 1대가 고장이 났다. 나머지 1대가 사람들을 가득 태우고 올라가자, 에스티는 옆에 서서 기다리던 렙슨에게 더 이상 참지 못하고 이렇게 말했다. "내 사무실에 레블론의 마케팅 실장이 우리 회사에 대해 쓴 기획서 사본이 있는데요." 이때 렙슨이 "그 문제로 얘기 좀 할까요?"라고 대답했지만, 에스티는 말을 계속 이었다. "난 당신 같은 사람과 더 이상 얘기하고 싶지 않아요. 당신은 언제나 우리 직원들을 빼가고, 우리 제품도 모방하잖아요!" 렙슨은 즉시 그 자리를 피하고 말았다.

앤드류 토바이어스는 렙슨의 전기『불과 얼음 Fire & Ice』에서 이렇게 말하고 있다. "비록 로더와 두 마디 이상 대화를 나눠본 적이 없지만, 아마도 그녀는 그가 만난 여자들 가운데 가장 큰 영향을 미쳤을 것이다. 그녀는 렙슨이 물리치지 못한 유일한 경쟁자였다."

크리니크가 나온 지 몇년 후 둘째아들 로널드는 획기적인 신상품을 개발했다. 과학적인 연구를 거쳐 맞춤 메이크업과 기초화장품 시리즈 '프리스크립티브스 Prescriptives'를 탄생시킨 것이다. 하지만 그는 이 일을 하면서도 행복하지 못했다. 두 아들을 모두 회사에 두고 싶어하는 어머니 로더 때문이었다.

결국 그는 어머니 곁을 떠나, 재정과 마케팅에 관한 전문지식을 바탕으로 워싱턴의 연방정부에서 일하게 되었고, 1년 반 후에는 오스트리아 대사로 임명되었다. 그후 워싱턴으로 돌아와 오늘날까지 정치에 관한 저술작업을 계속하고 있다. 그중 하나가『미국의 강력범죄와의 전쟁 Fighting Violent

Crime in America』인데, 이 책은 어머니의 그늘에서 벗어나기 위해 전쟁하듯 쓴 것이 분명하다.

어느 날 할로윈 가면을 쓴 두 남자가 로더의 집에 침입한 사건이 일어났다. 그들은 집사와 가정부를 묶은 다음, 작업일정을 잡기 위해 들른 에스티의 인테리어 책임업자도 결박했다. 그들은 에스티의 관자놀이에 권총을 겨눈 채, 값나가는 물건이 어디에 있는지 물었다. 순간 그녀의 눈앞을 스치고 지나간 생각은, 자신의 목숨이 아니라 비슷한 경험을 한 친구 베이검(begum, 회교도의 왕비나 공주, 귀부인 – 옮긴이)이 들려준 이야기였다.

그녀의 남편인 인도의 거부 아가칸은 해마다 직원들에게 금과 비교하여 자신의 값어치를 재도록 했다. 이 일을 떠올리며, 베이검은 자신이 돈이나 값비싼 물건을 모두 합친 것보다 더 가치 있다고 느꼈다. 그래서 그녀는 도둑들의 요구사항을 모두 다 들어주었다.

이 순간 에스티도 베이검과 같이 행동했다. 경찰이 피해액을 물어보았을 때, 대수롭지 않다고 대답했다. 100만 달러 상당의 보석을 도둑 맞았다는 소문이 돌았다. 하지만 에스티는 현금으로 6,000달러를 잃었을 뿐이라고 주장했다. 그녀가 물질적인 손실보다 더 괴로워했던 것은, 자신의 집에서 꼼짝 못하고 당했다는 속수무책의 감정이었다. 그녀는 결박당한 채 구타까지 당했고, 극심한 공포심에 떨었다고 친구들에게 고백했다.

이 사건이 있은 후, 에스티는 한동안 사진을 찍지 않았고, 자신의 여행계획을 외부에게 알리지 않는 것을 철칙으로 삼았다. 그리고 보디가드를 채용했다.

로더는 60년대 초에 거의 모든 것을 이루어냈다. 상도 많이 받았다. 1962년 니만 마커스 백화점에서 주는 오스카 상을 받았고, 30년 후에 또다시 수상했다. 여자로서는 유일하게 권위 있는 오스카 상을 두번이나 받은 것이다.

1962년 밀라노의 오페라 극장 개관식에 초청된 미국인 가운데 유일한 여성이기도 했다. 1965년 미국을 방문한 네덜란드의 왕비 줄리안느는, 네덜란드가 큰 홍수를 당했을 때 로더가 보내준 재정적 지원에 감사를 표했다.

1967년에는 『하퍼즈 바자』가 선정한 미국의 성공한 100대 기업인 가운데 1명으로 뽑혔다. 1978년에는 베르사유 궁전의 복원을 지원해준 공로로 프랑스의 레지옹 도뇌르 훈장을 받았다. 로더는 이 순간을 '생애 최고의 순간'으로 꼽았다. 1

년 후인 1979년에는 파리 시가 수여하는 최고의 상, 금메달까지 받았다.

훗날 프랑스 수상이 된 당시 미국 대사 쿠브 드 뮈르빌은 축사에서 '특정 공로에 대한 것이 아니라 평소 그녀의 탁월한 재능'을 치하하는 상이라고 밝혔다. 닉슨 대통령은 로더에게 룩셈부르크 대사직을 제안하기도 했다. 그녀는 이 제안에 무척 흥분했지만, 남편 조의 반대 때문에 어쩔 수 없이 포기해야 했다.

언젠가 조는 "마누라 덕으로 먹고 살지는 않을 거야"라고 말했다고 한다. 그는 예전에 에스티가 자신에게 저질렀던 실수를 떠올렸으리라 추측된다.

그녀는 사회·경제적으로도 크게 성공하였다. 계절마다 집을 바꿔가며 살 만큼 수많은 저택을 비롯해, 상당수의 부동산을 구입했다. 주요 거주지는 아더 레만의 소유였던 맨해튼 이스트 75번가의 저택이었다. 그곳에서 거의 매주 토요일마다 대규모 만찬회를 열고 가까운 친구들을 초대했다. 영국의 윈저 공작 부처, 모나코의 그레이스 왕비, 인도 거부 아가칸의 부인, 백만장자 프랭크 굴드의 부인 등이 초대되었다. 기업총수였던 그녀는 사교계의 분위기를 파악하는 데에도 예민한

'코'를 지니고 있었다.

에스티는 팜 비치에 방 27개짜리 저택을 소유하고 있었는데, 그녀는 그곳에서 크리스마스에서부터 3월까지 지냈다. 남 프랑스의 생 장 캡 페라에 있는 아브리 빌라에서는 조와 함께 7, 8월을 보냈다. 웨체스터 부근 호수가 있는 별장은 주말용으로 좋았다. '18세기의 우아한 광장'에 면해 있는 런던의 저택은 영국을 방문할 때 휴식처로 사용했다. 제일 마지막으로 구입한 롱아일랜드의 집은 코린트 양식의 하얀 기둥으로 되어 있는데, 영화 〈바람과 함께 사라지다〉를 본 다음부터 그녀가 줄곧 갖고 싶어했던 집이다.

스포츠 향수 '알리아쥬 Aliage'는 그녀가 런던에 저택을 샀을 무렵 개발되었다. 독특한 녹색 포장지는 자신의 집에 있던 고대 중국의 꽃병에서 영감을 얻었다고 한다. 이국적 풍경, 냄새, 빛깔이 새로운 색과 향을 찾도록 도와준 것이다.

자신의 모든 거처는 '경쾌하고 신선하고 밝다'라는 공통점이 있다고 로더는 강조하였다. 그녀는 특히 맨해튼의 집을 사랑스럽게 꾸며놓았다. 이곳은 자신의 화장품 시리즈에서도 자주 나타나는 흰색과 황금색이 주조를 이룬다. 그녀는 고품격의 우아한 분위기를 높이 평가했다. 그리고 잡동사니는 최소한으로 줄였다.

1965년 『마담』과의 인터뷰에서 그녀는 이렇게 말했다. "요즘은 가구로 가득 채운 집들이 많더군요. 아마도 모든 사람이 나와 생각이 같지는 않은 모양입니다. 힘든 하루를 보내고 돌아온 집이 온통 가구로 차 있다면, 그 안에서 숨을 제대로 쉴 수 있을 것 같지 않군요. 나는 따스하고 넓으며 조용한 공간을 좋아합니다."

『마담』은 그녀의 집을 다음과 같이 소개했다. "그 집의 보배는 응접실이다. 응접실은 벌꿀색 현관과 복도를 지나 황금빛 카펫이 깔린 계단 건너편에 있다. 홀은 매우 넓었다. 벽은 물론 벽난로도 흰색이었고, 가구에는 모두 흰색 천이 씌워져 있다. 그리고 하얀 도자기, 촛대 등 골동품들이 있다. 홀 중앙에는 검은색 칠을 한 빅토리아 왕조풍의 의자가 놓여 있는데, 여기에도 흰 새틴으로 겉싸개를 했다. 서재는 흰색과 황금색이 주조를 이룬다. 그러나 막상 집주인이 가장 좋아하는 방은 살구색과 황금색 계열이다. 흰색과 녹색 줄무늬 천으로 도배한 응접실의 벽은 이와 신선한 대조를 이룬다. 집안 곳곳에 낮은 탁자가 놓여 있고, 그 위에는 탁자와 어울리는 멋진 꽃들이 놓여 있다."

로더는 여자 고객들에게 피부손질법으로 어떤 충고를 해주었을까? 그녀는 세수할 때 물과 비누를 사용하지 말 것을 주문했다.

"제게 그런 식의 세수는 12세 때가 마지막이었어요. 클린징 크림이나 보습용 크림, 또는 우유를 사용하세요. 날마다 아침저녁으로 이 원칙을 지키는 것을 하루일과 중 최우선의 과제로 삼으세요. 그렇지 않으면 성공하기 어렵습니다. 밤에는 낮과 다른 메이크업이 필요합니다. 파티에 갈 때도 구두를 바꿔 신잖아요. 그리고 의상은 언제나 최신 패션에 따르세요. 촌색시나 마타하리처럼 꾸미는 것은 금물입니다. 이런 원칙들을 지키면, 모든 면에서 성공할 것입니다."

아덴과 루빈스타인의 회사는 이미 여러번 소유주가 바뀌었지만, 로더는 오늘날까지 순수한 가족 기업으로 남아 있다. 1995년 주식시장에 상장되기는 했지만, 주식의 96퍼센트를 가족이 가지고 있다. 그리고 임금지불 목록에는 7명의 가족 이름이 등재되어 있다. 레너드 로더는 1973년 『뉴욕 타임스』에서 이렇게 말했다. "가족은 심포니 오케스트라의 지휘자입니다. 재능 있고 훌륭한 인재들이 최고의 능력을 발휘할 수 있도록 독려하는 존재입니다."

레너드의 후계자를 누구로 할지에 대해서, 여러 인물이 고려되고 있지만, 레너드의 큰아들 윌리엄이 유력해보인다. 그는 에스티 로더의 3대 CEO가 되었다. 일찌기 '오리진스 Origins'를 시장에 내놓았고, 1995년부터 계열사의 사장으로 재임하였다. 레너드의 막내아들 게리는 실리콘 밸리에서 벤처사업 투자자로서 자신의 능력을 시험해보고 있다.

레너드의 동생 로널드는 로더 투자회사 사장과 에스티 로더 인터내셔널의 총고문, 크리니크 연구소장이라는 타이틀을 지니고 있지만, 그는 회사일보다 부동산이나 정치에 더 많은 관심을 쏟고 있다.

로널드의 큰딸 에어린 로더는 에스티 로더 계열사의 수석 부사장으로 에스티 로더 브랜드의 광고 등 비주얼 메시지를 책임지고 있다. 그녀의 동생 제인은 크리니크 메이크업 마케팅 매니저이다. 그녀는 『벨트 암 존탁』의 인물평에서 에스티 로더에 대해 이렇게 말했다. "우리 할머니는 카리스마가 넘쳐요. 우리는 모두 할머니를 무척 존경해요. 할머니는 강한 인물이지만, 절대로 딱딱한 분이 아니예요."

1998년 12월 『타임』에서는 '가장 영향력 있는 20세기의 천재 경영인 20명'을 발표했는데, 미시즈 로더는 유일한 여성으로 선정되었다. 그 지면에는 에스티 로더의 사업실적이 수치로 나타나 있다. 로더 사는 1998년 미국 백화점 매출에서 화장품 시장의 45퍼센트를 차지하고 있고, 1997년에는 36억 달러의 매출을 올렸으며, 118개국에서 팔렸다. 40년 전인 1957년에는 매출이 80만 달러였다.

주가는 지난 3년 동안 두 배 이상 올랐으며, 로더 가족의 지분은 600만 달러를 넘는다. 유산 상속자로서 44억 달러를 소유한 레너드와 로널드는, 세계 100대 부자 리스트에서 각각 94위와 95위에 올라 있다.

이것은 당연한 일이다. 이들의 사업능력이 에스티 로더라는 고유상표에만 한정되어 있지 않기 때문이다. 미국의 대기업 바비 브라운, 아베다, 제인 바이 새스비도 로더 그룹에 속해 있다. 이 기업들은 그사이 독일에서도 고객을 확보했다. 1994년에는 캐나다 MAC의 지분 51퍼센트를 획득했고, 1997~98년에 걸쳐 나머지 49퍼센트마저 차지했다. 여장 남자 뤼폴이 커버걸로 나와 제품을 광고했고, 디자이너 토미 힐피거가 개발한 향수들이 히트 리스트에서 첫자리를 차지했다. 힐피거 향수는 팝그룹과 운동선수들 사이에서 특히 인기가 있었다.

1996년에는 이탈리아의 고급 남성복 디자이너 헤런이 남
성용 향수 '키톤'을 선보였고, 1년 뒤에는 패션 레이디 도나
캐런이 상류층을 겨냥한 고급 화장품 시리즈를 개발했다. 고
객들은 이 제품 또한 로더 사의 상품이라는 사실을 대부분 모
르고 있다.

1983년 1월 16일 에스티와 조의 53회 결혼기념일에 남편
조가 갑자기 심장마비로 사망했다. 이후 에스티는 비즈니스
의 일선에서 물러났다. 그러나 로더의 창립자인 그녀는 회사
감사기관의 명예회장으로 남아, 기업의 여러 업무에 계속 관
여하고 있다.

감사기관 대변인 자네트 와그너는 『타임』지 기사에서 이렇
게 말했다. "회장님은 나이가 많이 드셨어도, 우리 팀에서 사
고가 가장 젊으신 분입니다."

『브리기테』의 미용부장을 역임한 일제 되링도 같은 말을
하였다. "그녀는 항상 새로운 아이디어를 갈망했다. 아침마
다 잠자리를 박차고 일어나게 만드는 일이 있어야 한다는 신
념을 지녔다. 몸가짐이 늘 기품 있었지만, 그외에도 엄청난
에너지, 회사 전체를 위한 힘이 넘쳤다."

에스티는 최근 건강악화로 일을 줄이고 일선에서 물러나

있다. 1994년 허리를 다친 이후, 더는 공식석상에 모습을 나타내지 않고 있다.

큰며느리 에블린이 그녀의 일을 물려받았다. 그녀는 남편 레너드와 더불어 감사기관의 일원으로 지주회사를 대표하고 있다.

평소 에스티는 두 며느리를 끔찍하게 생각했다. "나는 언제나 딸이 하나 있었으면 했지요. 내 아들들이 잘 자랐지만, 사실 우리 제품을 정직하게 시험할 대상을 간절히 원했거든요. 로널드가 아직 어렸을 때, 변호사에게 딸을 입양하고 싶다며 얘기할 정도였어요. 그런데 회사일이 바쁘고 변호사도 이 일에 무관심해, 그만 까맣게 잊고 말았지요. 레너드와 에블린의 결혼식 전날, 변호사가 내게 전화를 걸어 예쁜 아기를 안겨줄 수 있다고 말하더군요. 그는 행동이 너무 느렸어요. 15년이나 기다리게 하다니요. 고맙지만 내일 딸을 얻게 된다고 말해줬지요."

1998년 에블린 로더는 독일 기자들 앞에서 회사와 시어머니 에스티의 기업철학을 이렇게 요약했다. "당신에게 하나뿐인 얼굴입니다. 얼굴을 아름답게 가꾸세요!"

만약 에스티 로더가 직접 말했다면, 1988년 TV 프로그램에서처럼 이렇게 덧붙였을 것이다. "당신이 에스티 로더의 화장품을 갖고 있다면, 나의 일부를 갖고 있는 것입니다."

(2004년 4월 24일, 에스티 로더는 심폐기능 장애로 뉴욕의 맨해튼 자택에서 숨을 거두었다. 평소 어떤 경우에도 나이를 밝히지 않던 그녀였지만, 삶이 끝나는 순간 화장품 산업 여왕의 나이가 97세임이 처음으로 밝혀졌다 – 편집자)

옮긴이의 글

이 책의 번역에 들어갈 즈음, 태평양 푸른 바다를 건너 에스티 로더의 사망 소식이 들려왔다. 모든 언론매체가 그 뉴스를 박스기사로 전하며, "이 세상에 못생긴 여성은 없다. 오직 자신을 가꾸지 않거나, 자신이 아름답다고 믿지 않는 여성이 있을 뿐이다. 아름다움은 태도에서 비롯된다"라고 강조한 그녀의 말을 인용하며, 한결같이 우리 시대 화장품 산업 여왕의 비범한 재능을 소개하였다.

그녀는 자신의 이 말을 몸소 실천하고 확실하게 보여준 것 같다. 이 책을 번역하고 사진을 보면서, 그녀의 신념이 자연스럽게 외모에 배어나옴을 느끼게 되었다. 이것은 로더뿐 아니라, 이 책의 3명의 주인공 모두에게 해당되는 말이다.

헬레나 루빈스타인, 엘리자베스 아덴, 에스티 로더. 이 이름은 여성이라면 누구에게나 귀에 익은 이름들이며, 동시에

명품 화장품의 대명사들이다. 루빈스타인과 아덴이 뷰티 산
업에서 이미 기반을 다진 시기에 로더가 태어나기는 했지만,
이 3명은 때로 경쟁자로, 때로 적으로, 때로 동반자로 살면
서, 비슷한 행로를 걸어왔다. 그들은 태어난 순서대로 '아름
다움의 제국'을 건설하고, 세계적인 거부가 되었다. 그러나
실존했던 성공신화의 주인공으로서 이들의 삶은 우리에게 잘
알려져 있지 않다.

이 책은 한 인간으로서, 여성으로서, 아내로서, 어머니로
서, 경영인으로서, 그리고 선구자로서 세 여성의 삶과 사랑
을, 고통과 슬픔을 과장 없이 담담하고 객관적인 시각에서 보
여준다. '아름다움의 트로이카'라고 할 수 있는 이 세 여성
의 어린 시절부터 성공 이후까지 삶을 망라하여, 전반적인 사
회상의 소개와 함께 연대기적으로 서술하고 있다.

이 세 사람의 공통점은 어린 시절부터 화장품과 아름다움
에 남다른 관심과 집념을 보였다는 것이다. 헬레나는 매일 크
림을 바르는 어머니의 모습을 지켜보거나 동생들의 머리를
빗겨주기를 좋아했고, 아덴 역시 7세 때부터 인형 손톱에 네
일 에나멜을 칠하고 모래, 크림, 바나나를 섞은 반죽을 얼굴
에 발랐으며, 에스티도 어머니, 언니, 올케의 머리를 빗겨주

고 크림으로 얼굴에 장난질하기를 좋아했다. 좀 자라서는 외삼촌 쇼츠의 크림 제조법에 큰 관심을 보였다.

일단 부모님의 뜻을 따르기는 했지만, 자신이 희망하는 바를 위해 과감하게 진로를 바꾼 점도 비슷하다. 무엇보다 그들은 힘들고 어려운 환경 속에서도 화장품업계의 일인자가 되겠다는 꿈을 한시도 접지 않았다.

헬레나는 자신에게 관심을 보이는 남자들에게 상표를 붙이고, 포장하고, 업무용 편지를 쓰고, 그것을 부치는 일을 시켰다. 청년들이 그런 괴상한 '데이트'를 한 다음에는 두번 다시 나타나지 않았다고 한다. 엘리자베스는 결혼식 당일에도 회사에 나가 일했다.

이 세 여성은 피부관리와 화장품 판매에서 출발하여 화장품 회사의 경영자가 되고, 가내공업 규모의 회사를 탁월한 경영능력과 판매전략으로 세계적인 대기업으로 키웠다. 예컨대 에스티 로더는 팔리지 않는 제품을 샘플로 만들어 선물한다. '판매 쿠데타'라고 불리는 이 샘플전략은 당시로서 혁신적인 아이디어였다. 또 파리에 진출할 때는 최고급 백화점 라파예트 지배인이 입점을 거부하자, 일부러 실수하는 척 고급향수 '유쓰 듀'를 매장에 쏟아가며, 고객의 관심을 끌어당겼다. 이렇게 하여 끝내 입점을 허락받은 에피소드는 그녀의 집념과 추진력을 잘 보여준다.

책을 읽어보면 그들이 보여준 경영방식, 판매전략은 단순히 경영자로서의 자질을 넘어, 한 여성으로서의 인생철학임을 알 수 있다. 그들은 아름다워지고 싶은 여성의 근원적인 소망과 끝없는 욕구를 일찌감치 간파하고, 그것을 충족시켜주기 위해 불철주야 실험과 연구에 매진한다.

그런데 그들이 궁극적으로 추구한 아름다움이란 이러한 외적인 아름다움이 전부였을까? 책에서 펼쳐지는 그녀들 삶의 구비구비를 함께 따라가다 보면, 자신만의 아름다움과 존귀함을 인식하고 스스로 숭고하게 여기라는 메시지를 여러번 들을 수 있다. 자신을 존중하는 긍정적이고 적극적인 사고방식, 나아가 인생을 사랑하고 열정적으로 개척해가는 태도가 그들의 성공을 창조한 밑거름이 되었을 것이다.

이밖에도 우리는 대통령을 비롯해 은막의 스타, 유명 디자이너, 유명 예술가 등 다양한 계층의 명사들을 만나게 된다. 헬레나의 초상화를 그리기로 한 피카소가 그림 그리기를 미루다 결국 스케치에서 머무르고 만 일, 코코 샤넬의 의상실에 사람을 데리고 가 전시된 의상을 스케치하고, 그것과 똑같이 옷을 맞춰입은 마담 루빈스타인의 근검함과 대담함, 아이젠하워 대통령의 부인이 엘리자베스 아덴 뷰티 팜의 단골고객이었다는 사실 등, 그들의 인연과 실타래처럼 얽힌 일화는 읽는 재미를 더욱 풍요롭게 해준다.

루빈스타인, 아덴, 로더의 성공은 신화도 행운도 아니다. 자신의 재능과 삶을 온전히 바쳐 이루어낸 결과물이다. 그들은 나이도 잊은 채, 때로 사랑도 빼앗겨가며, 아름다움을 위해 열정적으로 일하고 헌신했다. 그 결과 그들은 죽는 순간까지도 아름다운 모습을 잃지 않았다.

"세상에서 가장 아름다운 얼굴은 누구의 것일까? 그것은 바로 당신의 얼굴이다."

에스티 로더의 자서전에 나오는 이 표현은 자신의 소중한 가치와 아름다움을 깨닫고, 삶이 계속되는 한 그것을 보듬어가라는 의미이리라.

독일어 전문번역팀 나누리

옮긴이 나누리

나누리는 독일어로 된 좋은 책을
우리말로 옮기는 전문번역가 모임이다.
강명구, 김해생, 엄양선, 윤명숙, 이선희로
구성되어 있으며, 모두 숙명여대 독문과를 졸업했다.
전원이 숙명여대와 빈 대학에서 박사학위를 받고
숙명여대, 한국외대 등에서 강의하고 있다.
옮긴 책으로「미래의 권력」
「네 안의 적을 길들여라」「너는 내 친구야」
「아이들이 묻고 노벨상 수상자들이 답한다」등이 있다.

아름다움의 제국

미에 대한 욕망 하나로 세계를 제패한 여성들

헬레나 루빈스타인 엘리자베스 아덴 에스터 로더

펴낸날 2005년 6월 1일 1판 1쇄
지은이 도리스 부르하르트
옮긴이 나누리

펴낸이 김혜숙
펴낸곳 도서출판 참솔
등록번호 제8 - 244호
주소 121 - 718 서울시 마포구 공덕동 404 풍림vip텔 521호
대표전화 3273 - 6323
팩시밀리 3273 - 6329
이메일 charmsoul@charmsoul.com

값 12,000 원
ISBN 89-88430-44-1 03320